Reliure serrée

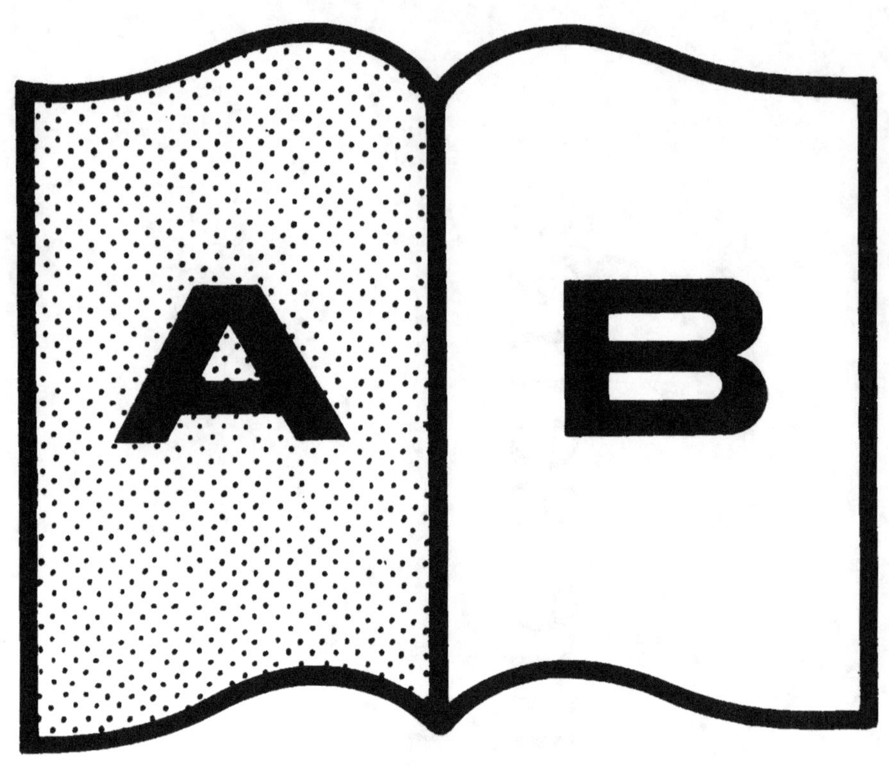

Contraste insuffisant

NF Z 43-120-14

LES CHEMINS DE FER

EN AMERIQUE

PAR

E. LAVOINNE

INGÉNIEUR EN CHEF DES PONTS ET CHAUSSÉES

ET

E. PONTZEN

INGÉNIEUR, ANCIEN ÉLÈVE DE L'ÉCOLE DES PONTS ET CHAUSSÉES

TOME PREMIER

CONSTRUCTION

ATLAS

PARIS

DUNOD, ÉDITEUR

Précédemment Carilian-Gœury et V^r Dalmont,

LIBRAIRE DES CORPS DES PONTS ET CHAUSSÉES, DES MINES ET DES TÉLÉGRAPHES

QUAI DES AUGUSTINS, N° 49

1880

TABLE DES MATIÈRES DE L'ATLAS

TOME PREMIER

CONSTRUCTION

25 235. — Paris, Typ. A. Lahure, 9, rue de Fleurus.

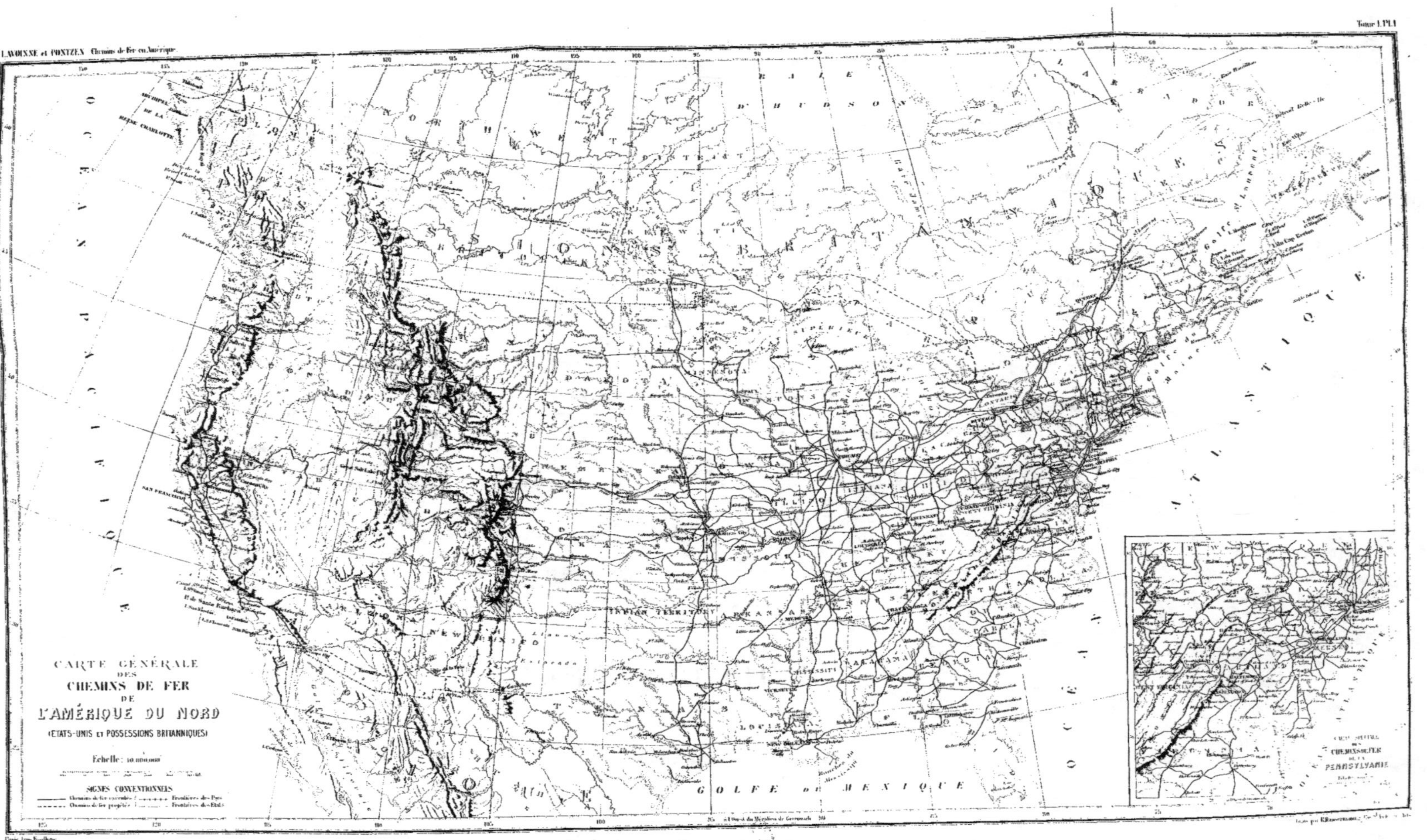

LAVOINNE et PONTZEN. Chemins de Fer en Amérique.
Tome I. Pl.1
CARTE GÉNÉRALE
DES
CHEMINS DE FER
DE
L'AMÉRIQUE DU NORD
(ÉTATS-UNIS ET POSSESSIONS BRITANNIQUES)
Échelle: 10.000.000
SIGNES CONVENTIONNELS
Chemins de fer exécutés
Chemins de fer projetés
Frontières des Pays
Frontières des États
CHEMINS DE FER
DE LA
PENNSYLVANIE
OCÉAN PACIFIQUE
OCÉAN ATLANTIQUE
GOLFE DU MEXIQUE
BAIE D'HUDSON
POSSESSIONS BRITANNIQUES
LABRADOR
Paris. Imp. Fradilette.

Profil en long de l'Érié R.R. Fig. 1.

Carte du Réseau de l'Érié R.R. Fig. 2.

Profil en long du Baltimore-Ohio R.R. et du Chésapeake-Ohio R.R. Fig. 3.

Baltimore Ohio R.R.
Chésapeake Ohio R.R.

Échelle des figures 1, 3 et 8.

Plan du chemin de fer provisoire exploité pendant la construction du tunnel de Kingwood sur le Baltimore-Ohio R.R. Fig. 4.

Plan du chemin de fer provisoire exploité pendant la construction du tunnel de Board-Tree sur le Baltimore-Ohio R.R. Fig. 5.

Profil en long du Cincinnati-Southern R.R. Fig. 8.

Profil en long du tunnel de Kingwood. Fig. 6.

Profil en long du tunnel de Board-Tree. Fig. 7.

Échelle des figures 6 et 7.

Paris - Imp. Monrocq.

Profils en long du Pennsylvania R.R. Fig. 1.

Profils en long du Boston-Albany R.R. et du Boston-Troy R.R. Fig. 2.

Tracé de la Section de l'Union Pacific R.R. à l'Est d'Aspen Summit. Fig. 5.

Profil en long du Louisville et Nashville R.R. Fig. 3.

Profils en long de l'Union et du Central Pacific R.R. et de quatre autres lignes commencées pour relier les deux Océans. Fig. 4.

Union et Central Pacific R.R.
Canadian Pacific R.R.
Atlantic Pacific R.R. (Route du 35e parallèle)
Texas Pacific R.R. (Route du 32e parallèle)
et Southern Pacific
Northern Pacific R.R.

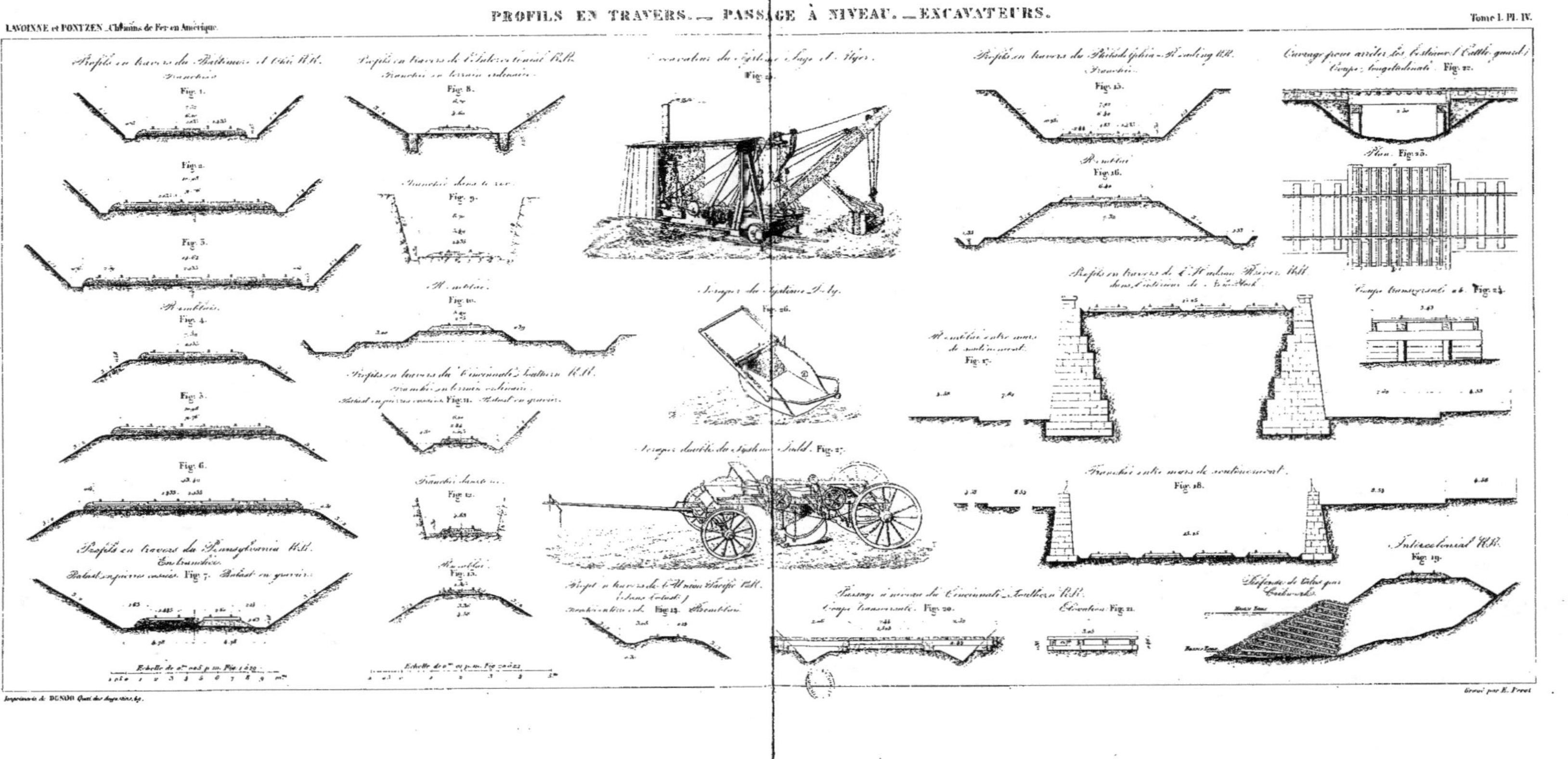
LAVOINNE et PONTZEN _ Chemins de Fer en Amérique.
Tome I. Pl. IV.
Profils en travers du Baltimore et Ohio R.R.
Tranchée.
Fig. 1.
Fig. 2.
Fig. 3.
Remblais.
Fig. 4.
Fig. 5.
Fig. 6.
Profils en travers du Pennsylvania R.R.
En tranchée.
Ballast en pierres cassées. Fig. 7. Ballast en gravier.
Echelle de 0m,005 p.m. Fig. 1 à 9.
Profils en travers de l'International R.R.
Tranchée en terrain ordinaire.
Fig. 8.
Tranchée dans le roc.
Fig. 9.
Remblai.
Fig. 10.
Profils en travers du Cincinnati Southern R.R.
Tranchée en terrain ordinaire.
Ballast en pierres cassées. Fig. 11. Ballast en gravier.
Tranchée haute.
Fig. 12.
Remblai.
Fig. 13.
Echelle de 0m,01 p.m. Fig. 10 à 22.
Excavateur du Système Sage et Alger.
Fig. 25.
Scraper du Système Doty.
Fig. 26.
Scraper-charette du Système Scald. Fig. 27.
Profils en travers du Philadelphia Reading R.R.
Tranchée.
Fig. 15.
Remblai.
Fig. 16.
Profils en travers de l'Atchison Topeka R.R.
dans l'intérieur de la ville.
Remblai entre murs de soutènement.
Fig. 17.
Tranchée entre murs de soutènement.
Fig. 18.
Passage à niveau du Cincinnati Southern R.R.
Coupe transversale. Fig. 20. Élévation. Fig. 21.
Ouvrage pour arrêter les bestiaux (Cattle guard)
Coupe longitudinale. Fig. 22.
Plan. Fig. 23.
Coupe transversale a b. Fig. 24.
International R.R.
Fig. 19.
Défense de talus par Cribworks.
Imprimerie de DUNOD Quai des Augustins, 49.
Gravé par E. Prost.

Diagrammes des Principaux Systèmes de Poutres droites en usage en Amérique.

Système Howe. Fig. 1.

Système Pratt. Fig. 2.

Système Bollmann. Fig. 3.

Système Pratt. Fig. 4.

Système Pettit. Fig. 5.

Système Linville. Fig. 6.

Système Linville. Fig. 7.

Système Fink. Fig. 8.

Système Post. Fig. 9.

Système Post. Fig. 10.

Système triangulaire à intersections. Fig. 11.

Système Pettit. Fig. 12.

Types de petits Ponts en bois. Fig. 17. Fig. 18.

Système triangulaire simple. Fig. 13.

Système triangulaire du Pennsylvania R.R. Fig. 14.

Système triangulaire à intersections du Pennsylvania R.R. Fig. 16.

Fig. 15.

Coupe d'une colonne de Phœnixville. Fig. 22.

Distribution des charges admise pour le calcul des Ponts sur le Cincinnati Southern R.R. Fig. 20.

Fig. 19.

Distribution des charges admise pour le calcul des Ponts par une commission d'Ingénieurs. Fig. 21.

Pièce comprimée pour former le Ponts du Cincinnati S... R.R. Élévation. Fig. 42. Coupe. Fig. 43.

Assemblages des Colonnes avec les semelles supérieures employés par la Phœnixville Cº. Pour Ponts à voie supérieure. Élévation. Fig. 24. Coupe transversale. Fig. 25. Élévation. Fig. 26. Coupe transversale. Fig. 27.

Pont du Système Burr renforcé par des Arcs en bois. Élévation. Fig. 44.

Coupe transversale. Fig. 45.

Assemblages des Colonnes avec des semelles supérieures employés par la Keystone Bridge Cº. Pour Ponts à voie supérieure. Élévation. Fig. 38. Coupe trans. Fig. 39. Élévation. Fig. 40. Coupe transversale. Fig. 41.

Coupe d'une colonne de Phœnixville. Fig. 23.

Colonnes de l'American Bridge Company. Coupe. Fig. 28. Coupe. Fig. 29.

Colonnes Système Kellog. Coupe. Fig. 30. Coupe. Fig. 31.

Colonnes de la Baltimore Bridge Cº. Coupe. Fig. 32.

Coupe. Fig. 33.

Colonnes de la Keystone Bridge Company. Coupe. Fig. 34. Coupe. Fig. 35.

Coupe. Fig. 36.

(Système Piper) Coupe. Fig. 37.

Échelle de ... pour fig. 24 à 27 et 38 à 41.

Échelle de ... pour ...fig. 34 et 35.

Demi-Élévation. Fig. 1.

Pont d'Oxe-Hill près Salisbury (Connecticut.) Système Howe. Coupe transversale. Fig. 2.

Plan du tablier. Fig. 3.

Plan du Contreventement supérieur. Fig. 4.

Semelle inférieure vue de dessus. Fig. 5.

Semelle inférieure vue de dessous. Fig. 6.

Détail de l'assemblage des barres avec les semelles. Fig. 7.

Plaque d'assemblage des éléments de la Semelle inférieure. Fig. 8.

Détail des Sabots. Fig. 9.

Pont de Pittston sur le chemin de fer de l'Érié (Système Pratt.)

Demi-Élévation. Fig. 10.

Plan. Fig. 11.

Echelle de 0,01 p.m. (fig. nos 1, 10 et 11)

Echelle de 0,05 p.m. (fig. nos 2 à 9)

Paris Imp. Feuillerg.

Gravé par E. Millié.

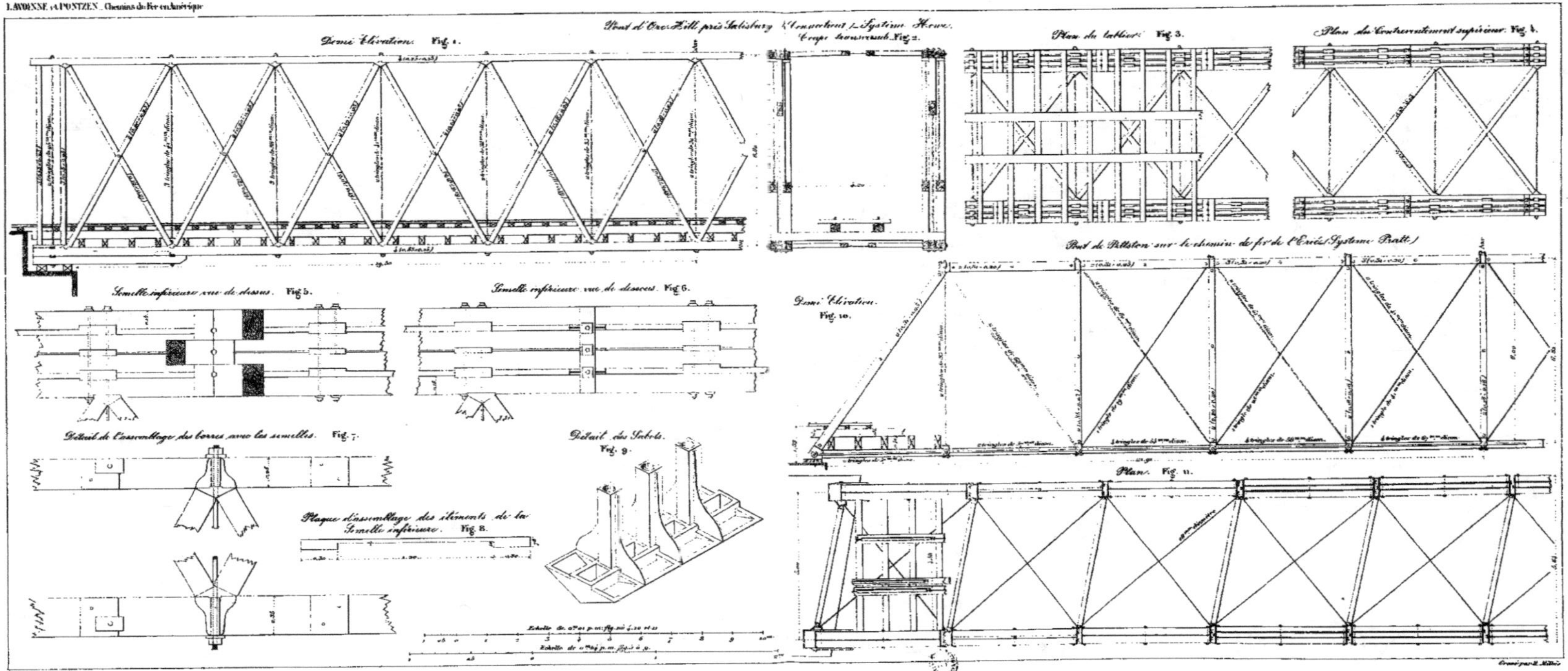

Pont sur le Green River du Louisville—Nashville Rail-Road (Système Fink).

Demi Élévation d'une travée. Fig. 1.

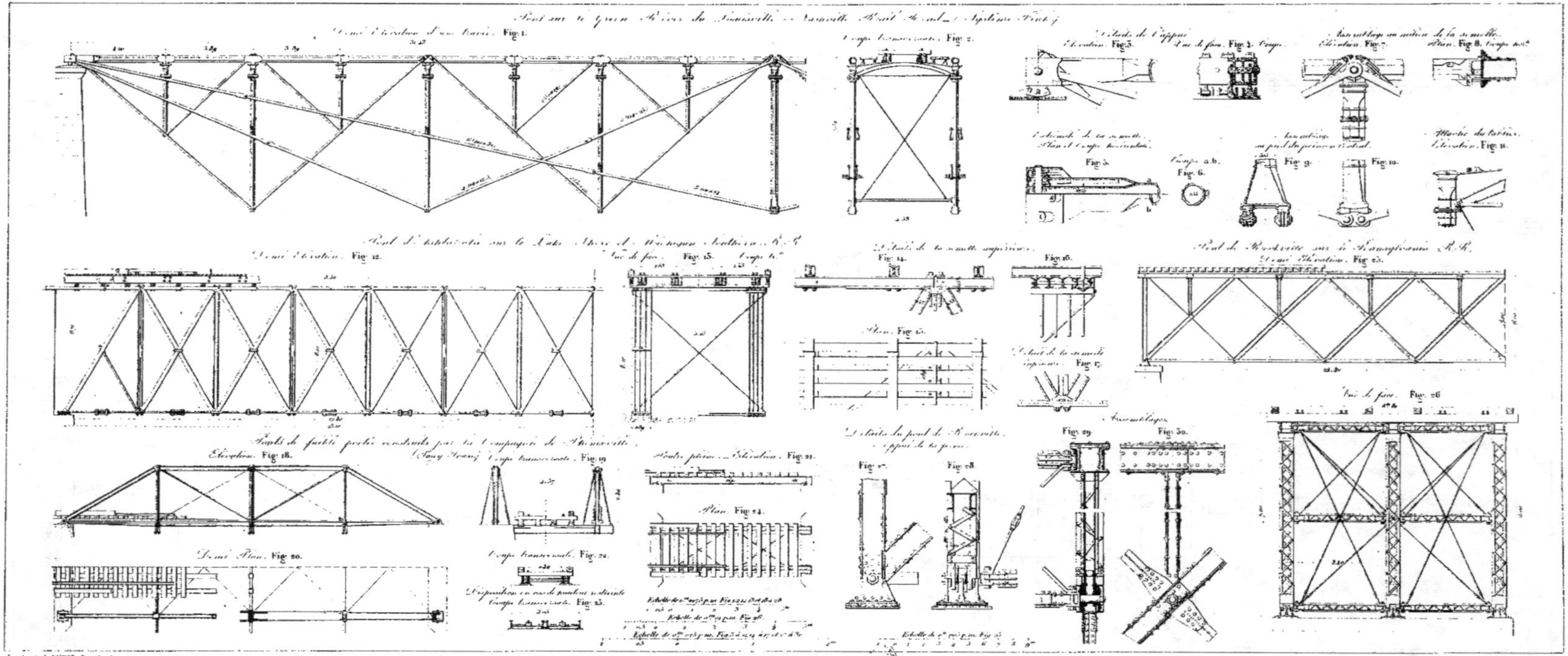

Coupe transversale. Fig. 2.

Détails de l'appui. Élévation. Fig. 3. — Vue de face. Fig. 4. — Coupe. Élévation. Fig. 7. — Plan. Fig. 8. Coupe.

Assemblage au milieu de la travée. Élévation. Fig. 5.

Détails de la travée. Plan et Coupe horizontale. Fig. 5.

Coupe a.b. Fig. 6. — Fig. 9. — Fig. 10.

Assemblage au pied du poinçon central. Fig. 10.

Attache du tablier. Élévation. Fig. 11.

Pont d'Ashtabula sur le Lake Shore & Michigan Southern R.R.

Demi Élévation. Fig. 12. — Vue de face. Fig. 13. — Coupe b.b.

Détails de la semelle supérieure. Fig. 14. — Fig. 16.

Plan. Fig. 15.

Détails de la semelle inférieure. Fig. 17.

Pont de Roodville sur le Pennsylvania R.R. Demi Élévation. Fig. 25.

Vue de face. Fig. 26.

Ponts de faible portée construits par la Compagnie de Nashville.

Élévation. Fig. 18. — Coupe transversale. Fig. 19. — Demi Plan. Fig. 20.

Semi plein. Élévation. Fig. 21. — Coupe transversale. Fig. 22.

Plan. Fig. 24.

Disposition en cas de poutre médiane. Coupe transversale. Fig. 23.

Détails du pont de Roodville. Appui de la pièce. Fig. 27. — Fig. 28.

Assemblages. Fig. 29. — Fig. 30.

Échelle de 0m,02 p. m. Fig. 1, 2, 12, 13, 18 à 24.
Échelle de 0m,04 p. m. Fig. 25, 26.
Échelle de 0m,08 p. m. Fig. 3, 4, 5, 7, 8, 14 à 17, 27 à 30.
Échelle de 0m,16 p. m. Fig. 6, 9, 10, 11.

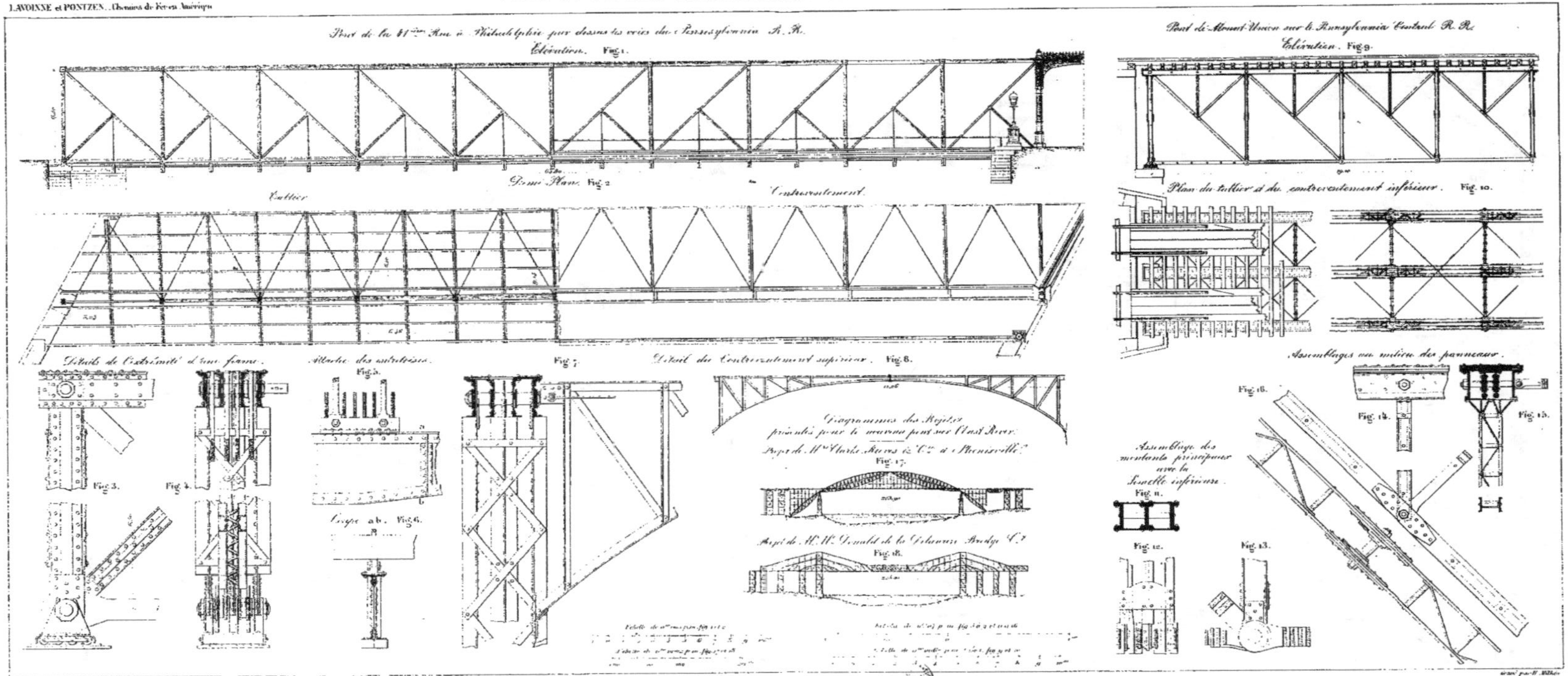

Pont de la 41ᵐᵉ Rue à Philadelphie par dessus les voies du Pennsylvania R.R.

Elévation. Fig. 1.

Pont de Mount-Union sur le Pennsylvania Central R.R.

Elévation. Fig. 9.

Demi Plan. Fig. 2.

Contreventement

Tablier

Plan du tablier et du contreventement inférieur. Fig. 10.

Détails de l'extrémité d'une ferme.

Attache des entretoises.

Fig. 5.

Fig. 7.

Détail du Contreventement supérieur. Fig. 8.

Assemblages au milieu des panneaux.

Fig. 3.

Fig. 4.

Coupe ab. Fig. 6.

Diagrammes des Projets présentés pour le nouveau pont sur l'East River.

Projet de Mrs Clarke Reeves & Cie à Phœnixville. Fig. 17.

Projet de Mr W. Donald de la Delaware Bridge Co. Fig. 18.

Assemblage des montants principaux avec la semelle inférieure. Fig. 11.

Fig. 12.

Fig. 13.

Fig. 14.

Fig. 15.

Fig. 16.

PONT DU SYSTÈME LINVILLE À GRANDE PORTÉE.

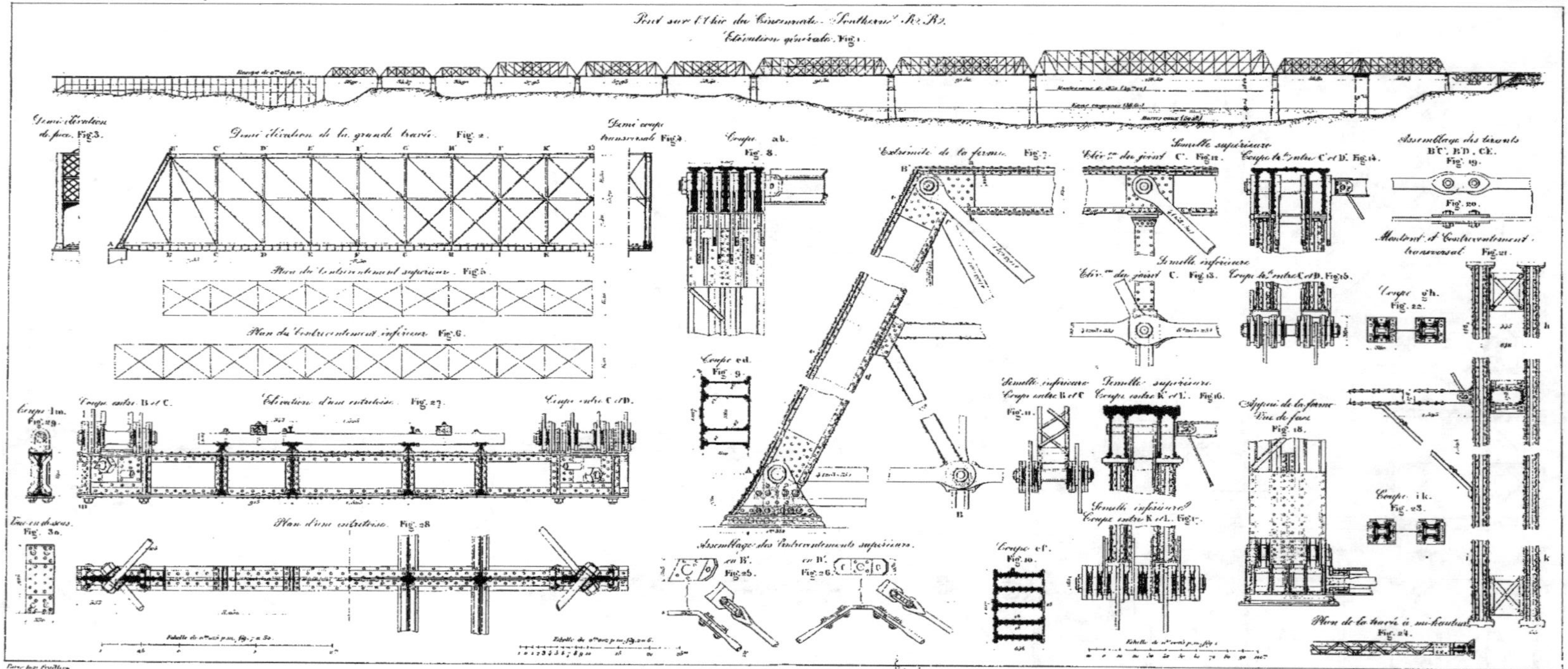

Pont sur l'Ohio du Cincinnati Southern R. R.
Élévation générale. Fig. 1.

Demi-élévation de face. Fig. 3.

Demi-élévation de la grande travée. Fig. 2.

Demi-coupe transversale. Fig. 4.

Coupe ab. Fig. 8.

Extrémité de la ferme. Fig. 7.

Élév.^on du joint C. Fig. 12.

Semelle supérieure. Coupe la 2.me entre C et D. Fig. 14.

Assemblage des tirants B.^to, B.^'D, C.E. Fig. 19.

Fig. 20.

Plan du Contreventement supérieur. Fig. 5.

Semelle inférieure.

Élév.^on du joint C. Fig. 13.

Coupe la 2.me entre C et D. Fig. 15.

Montant et Contreventement transversal. Fig. 21.

Plan du Contreventement inférieur. Fig. 6.

Coupe cd. Fig. 9.

Coupe gh. Fig. 22.

Coupe entre B et C. Coupe entre C et D.

Élévation d'une entretoise. Fig. 27.

Semelle inférieure. Coupe entre B et C. Semelle supérieure. Coupe entre K et V. Fig. 16.

Appui de la ferme. Vue de face. Fig. 18.

Coupe lm. Fig. 29.

Vue en dessous. Fig. 30.

Plan d'une entretoise. Fig. 28.

Semelle inférieure. Coupe entre K et V. Fig. 17.

Coupe ik. Fig. 23.

Assemblage des Contreventements supérieurs.
en B. Fig. 25.   en B.' Fig. 26.

Coupe ef. Fig. 10.

Coupe ef. Fig. 11.

Plan de la travée à mi-hauteur. Fig. 24.

Échelle de 0.^m,025 p.^r m. Fig. 7 a 30.

Échelle de 0.^m,05 p.^r m. Fig. 1.

Échelle de 0.^m,02 p.^r m. Fig. 2.

Paris, Imp. Froillieg.

Gravé par H. Wilson.

LAVOINNE et PONTZEN — Chemins de Fer en Amérique
Tome I. Pl. X
Pont de St Charles sur le Missouri, sur le North-Missouri Rail Road. Elévation générale. Fig. 1.
Coupe c d. Fig. 14.
Demi-Elévation d'une tête. Fig. 4.
Coupe transversale. Fig. 5.
Travée de 95m,67 de portée du Pont de St Charles. Demi-Elévation. Fig. 2.
Elévation transversale. Fig. 11.
Appui de la ferme. Elévation longit.le Fig. 13.
Coupe a.b. Fig. 12.
Plan. Fig. 3.
Pont de Nicholson sur le Delaware, Lackawanna et Western R.R. Demi-Elévation d'une travée. Fig. 15.
Coupe transversale. Fig. 16.
Montant comprimé. Elévation longd.le Fig. 6.
Elévation transversale. Fig. 7.
Coupe transversale de la Semelle supérieure. Fig. 8.
Montants en forme de bielle. Partie inférieure. Fig. 10.
Détails de la Semelle supérieure du Pont de Nicholson. Elévation. Fig. 17.
Attache des Contre-tirants. Fig. 9.
Coupe a.b. Fig. 18.
Plan de la Semelle inférieure. Fig. 19.
Détail du joint. C. Fig. 20.
Echelle de 0m,005 p.m. fig. 1 et 4.
Echelle de 0m,01 p.m. fig. 2 et 5.
Echelle de 0m,02 p.m. fig. 3, 6 et 16.
Echelle de 0m,04 p.m. fig. 7 à 10.
Echelle de 0m,05 p.m. fig. 11 à 16.
Echelle de 0m,10 p.m. fig. 17 à 20.
Paris, Imp. Fraillery
Gravé par H. Vatin

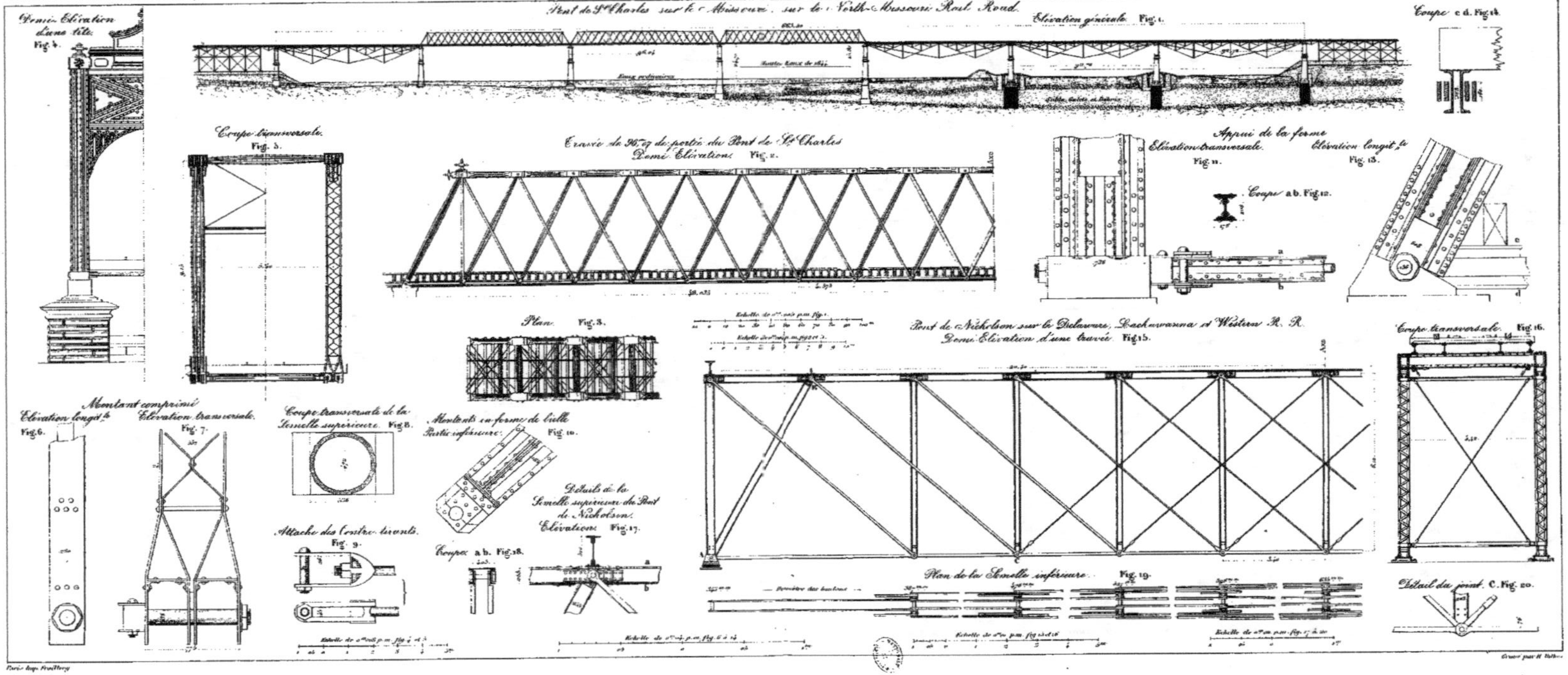

LAVOINNE et PONTZEN_Chemins de Fer en Amérique.
PONT DU SYSTÈME TRIANGULAIRE EN BOIS ET FER._SEMELLES EN FONTE. 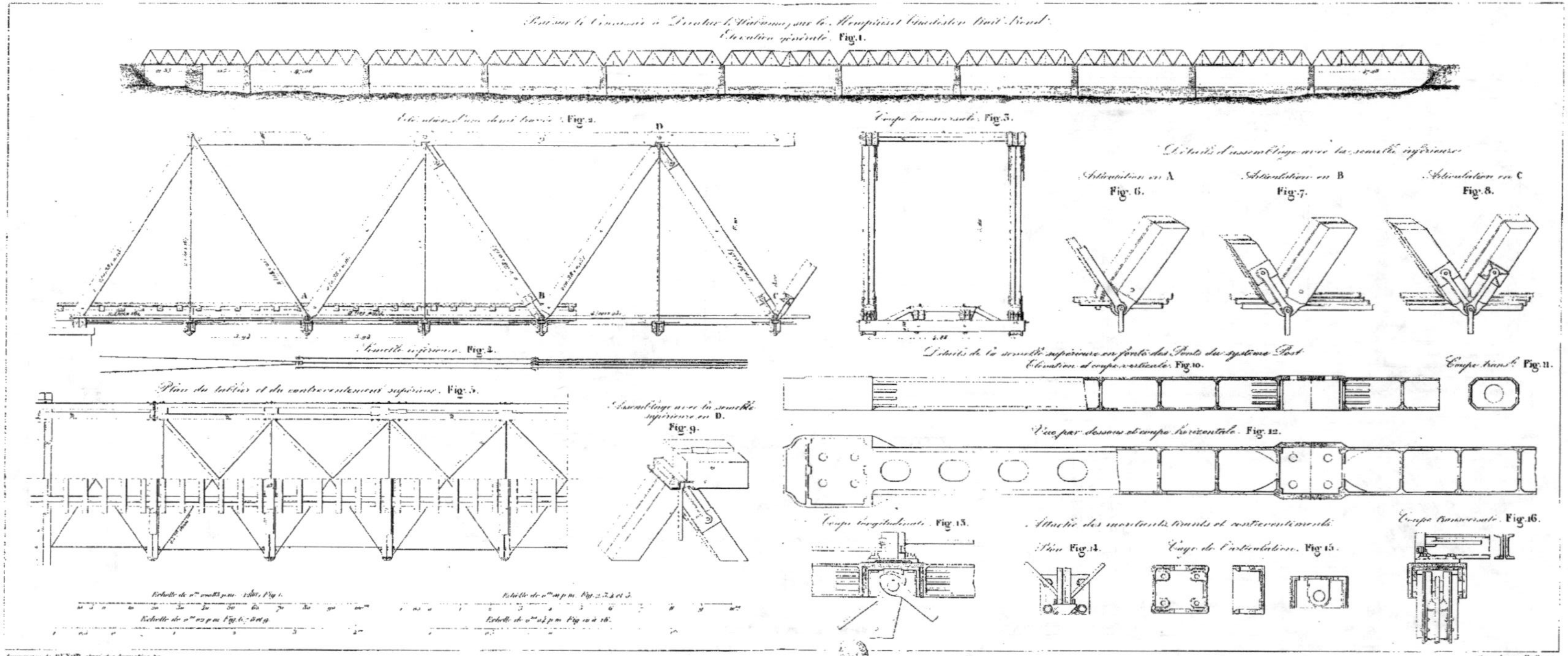
Tome I.Pl. XI.
Pont sur le Cincinnati à Louisville Railway, sur le Mississippi Construction Post-Nicol.
Élévation générale. Fig. 1.
Élévation d'une demi travée. Fig. 2.
Coupe transversale. Fig. 3.
Détails d'assemblage avec la semelle inférieure.
Articulation en A. Fig. 6.
Articulation en B. Fig. 7.
Articulation en C. Fig. 8.
Semelle inférieure. Fig. 4.
Détails de la semelle supérieure en fonte des Ponts du système Post.
Élévation et coupe verticale. Fig. 10.
Coupe transv.le Fig. 11.
Plan du tablier et du contreventement supérieur. Fig. 5.
Assemblage avec la semelle supérieure en D. Fig. 9.
Vue par dessous et coupe horizontale. Fig. 12.
Coupe longitudinale. Fig. 13.
Attache des montants, tirants et contreventements.
Plan Fig. 14.
Cage de l'articulation. Fig. 15.
Coupe transversale Fig. 16.
Échelle de 0m,005 p.m. 1:200. Fig. 1.
Échelle de 0m,02 p.m. Fig. 2,3,4 et 5.
Échelle de 0m,03 p.m Fig. 6, 7, 8 et 9.
Échelle de 0m,04 p.m Fig. 10 et 16.
Imprimerie de DUNOD, quai des Augustins. 49
Gravé par E. Prot.

Tome I. Pl. XII.

LAVOINNE et PONTZEN — Chemins de Fer en Amérique.

Pont sur l'Ohio, dit Ohio Falls Bridge près Louisville.

Kentucky
Indiana

Élévation longitudinale. Fig. 1.

Détails de la grande travée de 122 mètres de portée.

Élévation d'une demi travée. Fig. 2.

Coupe transv.le Fig. 3.

Détails d'assemblage.

Coupe ab. Fig. 8.
Coupe cd. Fig. 9.

en B. Fig. 7.
en J. Fig. 10.
en C. Fig. 11.
en D. Fig. 12.

en I. Fig. 13.
Fig. 14.
en J. Fig. 15.
Fig. 16.
en K. Fig. 17.
Fig. 18.
en D. Fig. 19.

en J. Fig. 20.

Appui en A.

Fig. 21.
Fig. 22.

en C. Fig. 23.

Coupe transversale en H. Fig. 24.

Plan du tablier et du contreventement inférieur. Fig. 4.

Plan du contreventement supérieur. Fig. 5.

Composition d'une semelle inférieure. Fig. 6.

Échelle de 0m001 p.m. Fig. 1.
Échelle de 0m004 p.m. Fig. 2 à 5.
Échelle de 0m03 p.m. Fig. 6.
Échelle de 0m05 p.m. Fig. 7 à 24.

Paris Imp. Feuillère.

Gravé par E. Rilla.

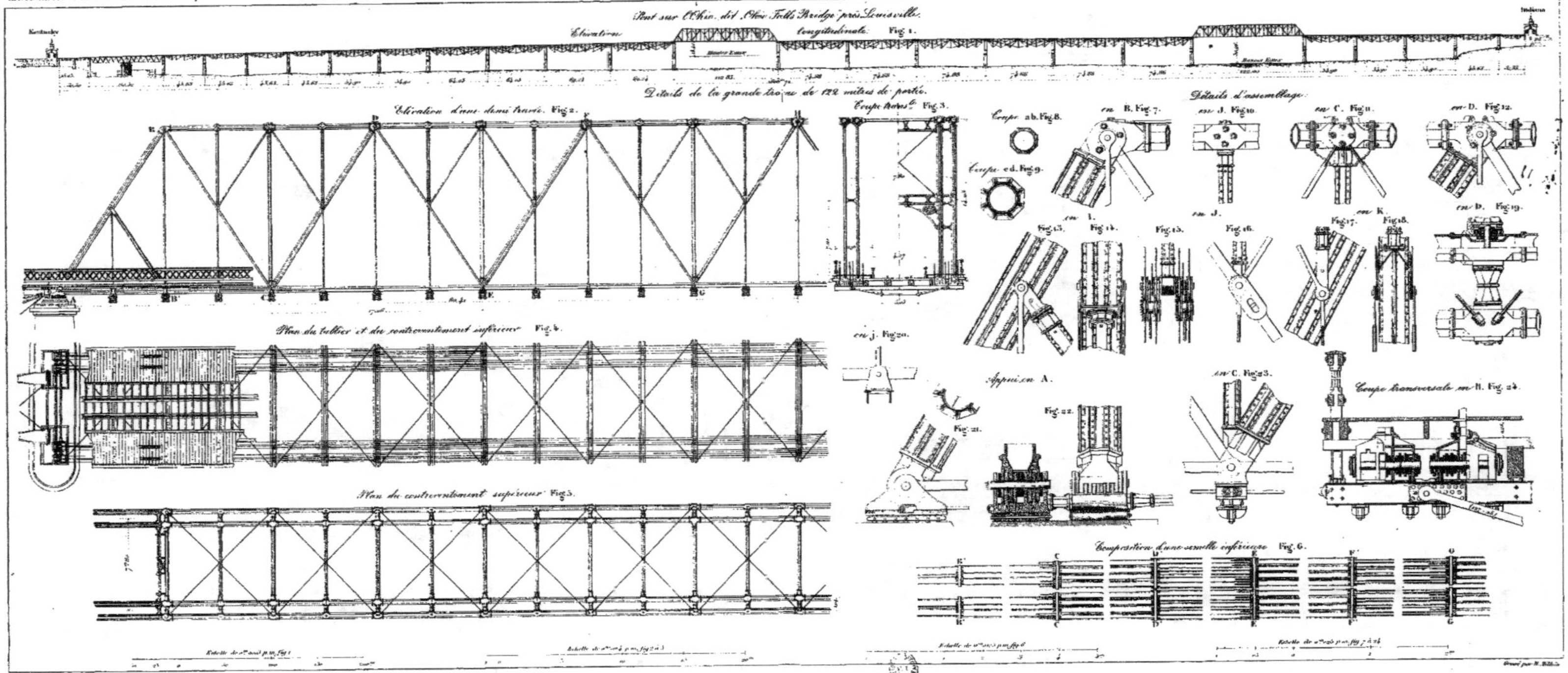

LAVOINNE et PONTZEN — Chemins de fer en Amérique.
PONT EN ARC SUR LE MISSISSIPI.
Tome I. Pl. XIII.
Fig.6. Élévation longitudinale du pont en cours de montage
Culée Ouest
Fig.2. Plan
Fig.1. Élévation longitudinale
Fig.2. Demi-plan par dessus
Fig.3. Demi-coupe au niveau de l'intrados
Fig.4. Élévation longitudinale de la demi-travée centrale
Fig.22. Au joint 6
Demi-coupes verticales
Fig.23. Au joint 8
Demi-coupes verticales
Fig.25. Au joint 15
Fig.24. Au joint 13
Fig.27. Au joint 22
Demi-coupes verticales
Fig.26. Au joint 20
Profondeur de l'Eau
Fig.8.
Fig.7.
Assemblage des boulons transversaux
Fig.10. Coupe à travers un tube
Fig.11. Élévation latérale avec le contreventement transversal
Fig.5. Coupe transv. aux naissances suivant XY
Fig.21. Coupe longit. d'un tube
Fig.12. Coupe transv. d'un tube
Fig.19.
Fig.20.
Articulation d'assemblage des tubes.
Échelle de 0,0025 pour 1m Fig.1,2 et 3.
Échelle de 0,004 pour 1m Fig.6 et 7.
Échelle de 0,01 pour 1m Fig.4 et 5.
Échelle de 0,02 pour 1m Fig.8 à 11.
Échelle de 0,05 pour 1m Fig.18 à 21.

Pont dit « Point-Bridge » sur la Monongahela à Pittsburg.
Élévation.   Fig. 1.
Vue de face
Fig. 4.
Plan du Contreventement. Fig. 2.
Plan du Plancher. Fig. 3.
Ancrage de la Chaîne. Fig. 5.
Élévation transversale. Fig. 8.
Sommet d'une Tour.
Élévation longitudinale. Fig. 9.
Contreventement et Suspension, vus
en perspective. Fig. 10.
Échafaudage pour le montage.
Fig. 11.
Échelle de 0m,003 p. m. fig. 11.
Plan.
Fig. 15.
Plaque d'ancrage.
Coupe a.b.
Fig. 7.
Vue en dessous de la
Plaque d'ancrage.
Fig. 6.
a   b
Cintrer au sommet de la tour
pendant le montage.
Fig. 12.
Coupe transversale. Fig. 13.
Échafaudage volant.
Élévation. Fig. 14.
Échelle de 0m,003 p. m. fig. 2 et 3.
Échelle de 0m,003 p. m. fig. 5.
Échelle de 0m,003 p. m. fig. 13.
Échelle de 0m,003 p. m. fig. 14 et 15.

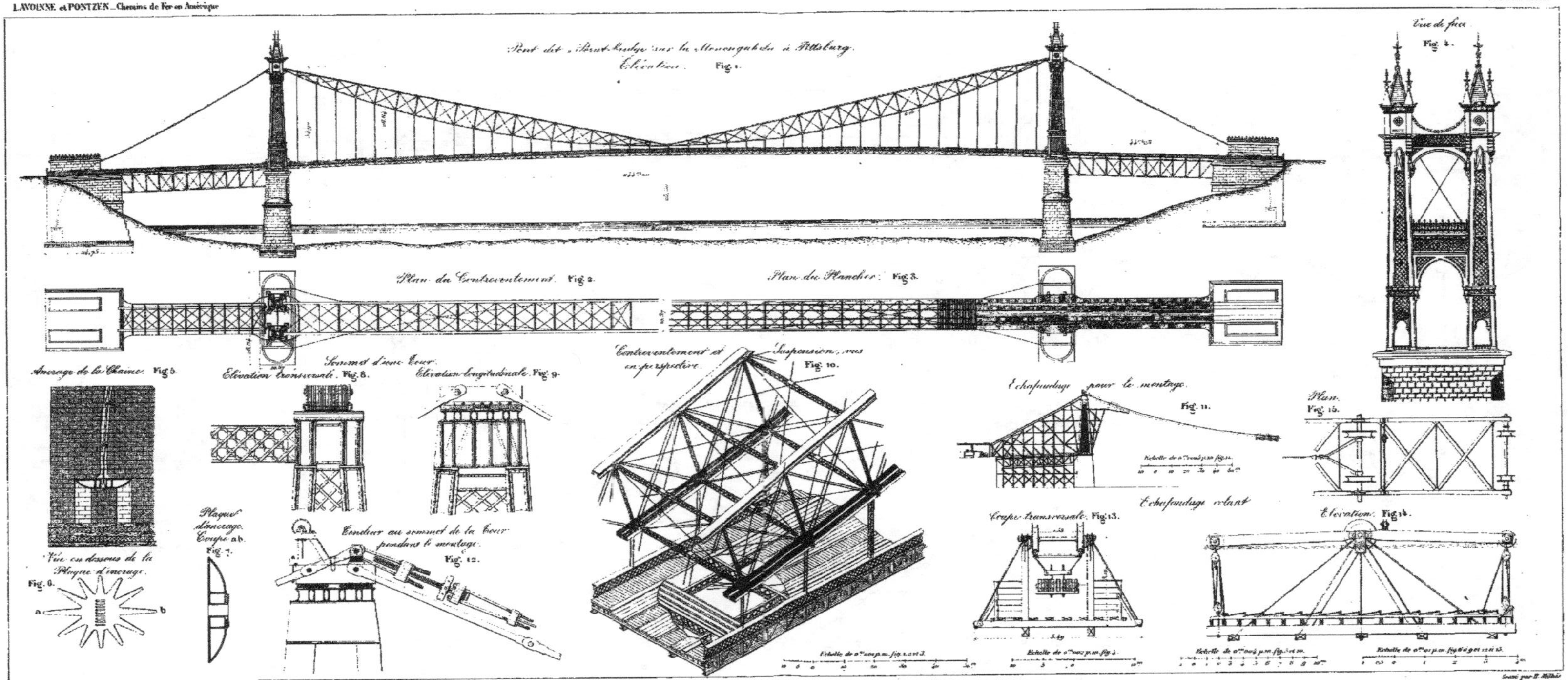

Coupe. Fig. 2.
Pont par dessus la voie — Type de la Phœnixville C⁰.
Élévation. Fig. 1.
Pont par dessus la voie — Type de la Phœnixville C⁰.
Élévation. Fig. 3.
Coupe transversale. Fig. 4.
Partie supérieure de la tour. Fig. 7.
Assemblage des Articulations des Haubans.
Fig. 9.
Fig. 10.
Ancrage à l'extrémité du Pont.
Vue de côté. Fig. 11.
Vue de face. Fig. 12.
Coupe à travers la base de la tour. Fig. 14.
Pont de la Philadelphie Pennsylvania R.R.
Élévation.
40ᵐᵉ rue à par dessus le Système Ordish.
Fig. 5.
Coupe transversale de la tour au niveau du tablier. Fig. 13.
Vue de face de la tour. Fig. 8.
Plan. Fig. 6.
Pont par dessus le Philadelphia Reading R.R. (Système Bow-String.)
Élévation. Fig. 17.
Coupe AB. Fig. 16.
Coupe à travers le tablier. Fig. 15.
Joint de la semelle supérieure.
Vue en dessous. Fig. 18.
Coupe. Fig. 19.
Élévation. Fig. 20.
Joint de la semelle inférieure.
Coupe. Fig. 21.
Élévation. Fig. 22.
Plan. Fig. 23.
Échelle de 0ᵐ025 p.m. fig. 7 à 16 et 15 à 23.
Échelle de 0ᵐ005 p.m. fig. 1 à 6.
Échelle de 0ᵐ01 p.m. fig. 17.
Paris Imp. Lemercier.
Gravé par E. Bourgeois.

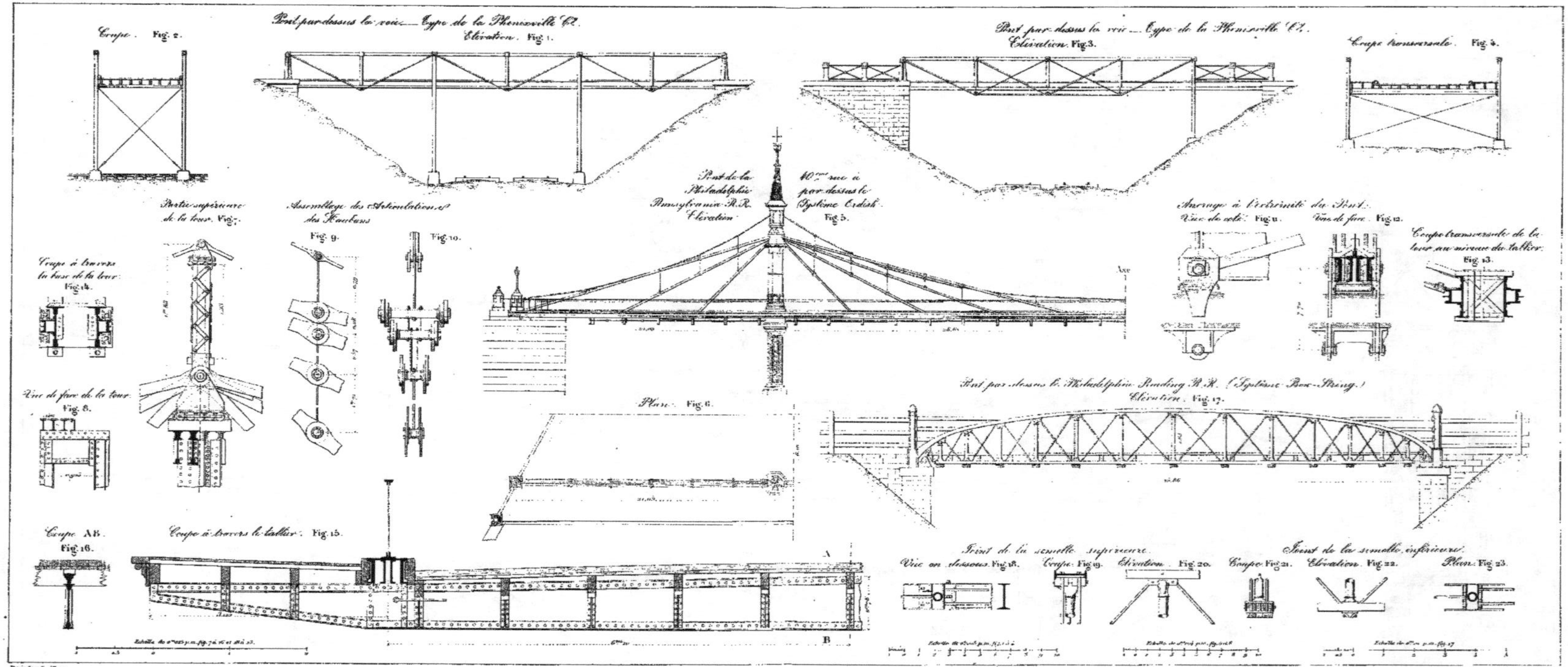

Viaduc du Louisville Cincinnati et Lexington R.R.
Élévation. Fig. 1.

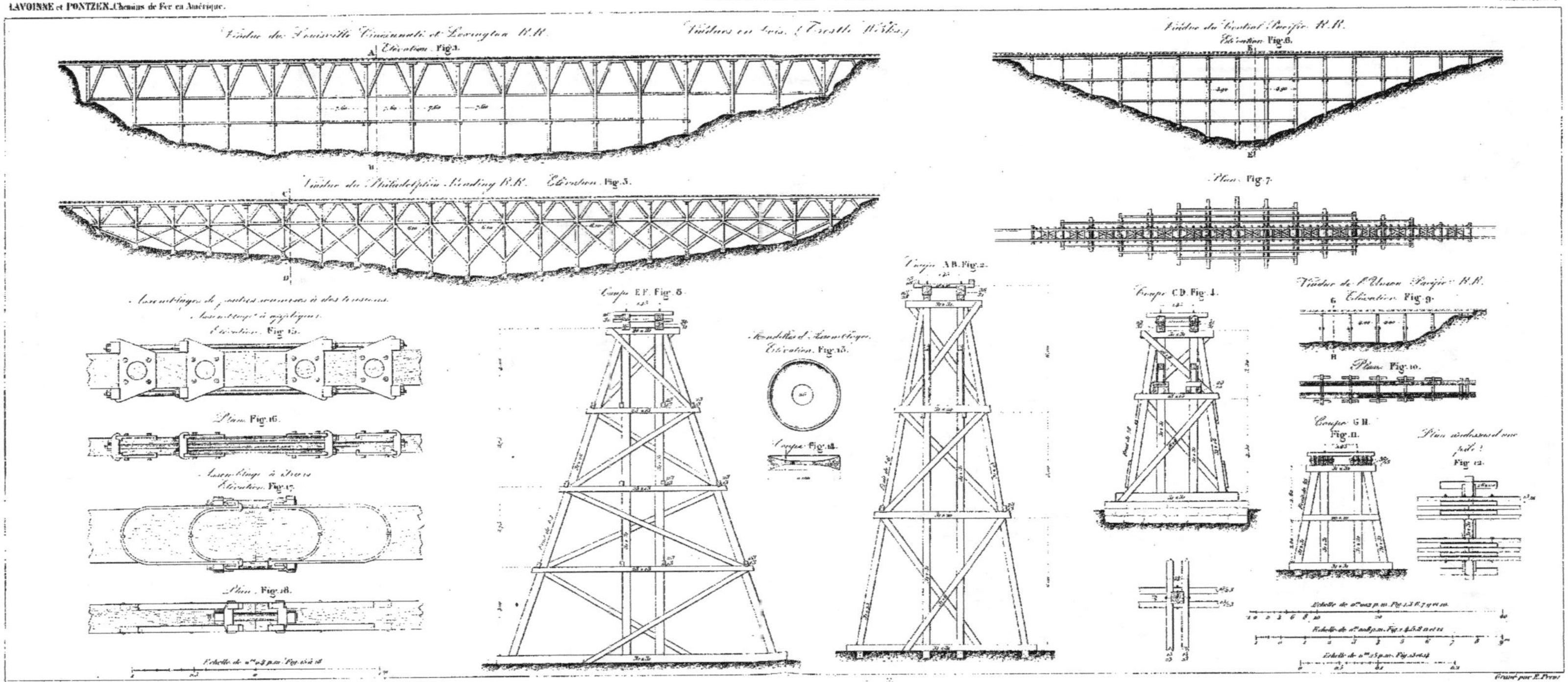

Viaducs en bois. (Trestle Works.)

Viaduc du Central Pacific R.R.
Élévation. Fig. 6.

Viaduc du Philadelphia Reading R.R. Élévation. Fig. 3.

Plan. Fig. 7.

Coupe E F. Fig. 5.

Coupe A B. Fig. 2.

Coupe C D. Fig. 4.

Viaduc de l'Union Pacific R.R.
Élévation. Fig. 9.

Plan. Fig. 10.

Coupe G H. Fig. 11.

Plan au-dessous une pile. Fig. 12.

Assemblages de poutres soumises à des tensions.
Assemblages à mâchoires.
Élévation. Fig. 13.

Rondelles d'assemblage.
Élévation. Fig. 15.

Coupe. Fig. 14.

Plan. Fig. 16.

Assemblage à clavette.
Élévation. Fig. 17.

Plan. Fig. 18.

Echelle de 0m03 p.m. Fig. 13 à 18.

Echelle de 0m02 p.m. Fig. 1, 3, 6, 7, 9 et 10.

Echelle de 0m03 p.m. Fig. 2, 4, 5 et 11.

Echelle de 0m15 p.m. Fig. 8 et 11.

VIADUCS MÉTALLIQUES À PETITE PORTÉE.

Type de Viaducs en fer du Cincinnati Southern R.R.

Appui sur la 2ème palée en E

Poinçons DD' et FF'

Élévation des trois premières travées. Fig. 1.

Élévation. Fig. 11.

Coupe transversale. Fig. 12.

Élévation. Fig. 13.

Coupe transv.le Fig. 14.

Demi-plan du châssis portant la voie à l'entrée du Viaduc. Fig. 2.

Élévation de l'appui en A. Fig. 3.

Coupe U.V. Fig. 4.

Poinçons BB'

Élévation. Fig. 5.   Coupe transv.le Fig. 6.

Appui sur la 1ère palée en C.

Élévation. Fig. 7.   Coupe Transv.le Fig. 8.

Pied sur glissière d'une colonne.

Élévation. Fig. 9.   Vue latérale. Fig. 10.

Coupe x.y. Fig. 18.

Attache de l'Entretoise.

Élévation Fig. 9 bis   Vue latérale. Fig. 10 bis

Coupe transversale de la voie sur un Viaduc en courbe. Fig. 15.

Échelle de 0m,008 p. m. Fig. 1 à 16 et 17.

Viaduc aux abords du Pont St Charles sur le Missouri.

Élévation d'une travée. Fig. 16.

Coupe transversale. Fig. 17.

Détails des assemblages en a,b et c.

Fig. 19.

Vue de côté. Fig. 20.   Vue de face. Fig. 21.

Vue de côté. Fig. 22.   Vue de face. Fig. 23.

Gravé par E. Perot

LAVOINNE et PONTZEN.—Chemins de Fer en Amérique.

Tome I. Pl.XVIII

Viaduc de Varrugues (Pérou)—Élévation. Fig.1

Coupe transversale. Fig.2

Sections des Colonnes. Fig.3

Viaduc métallique. Coupe transversale. Fig.5

Viaduc de Portage sur le Genesee River (Érie RR) Élévation. Fig.4

Détails du Viaduc de Dale-Creek. Coupe horizontale. Fig.16 — Élévation du pied. Fig.17

Section des Colonnes. Fig.6

Viaduc de Dale Creek. Élévation d'une travée. Fig.19

Coupe transversale. Fig.18

Coupe transversale. Fig.8

Élévation d'une travée. Fig.9

Viaduc d'Oak Orchard sur le Rome, Watertown et Ogdensburg RR. Fig.7

Viaduc de Dale Creek sur l'Union Pacific—Élévation. Fig.14

Détails des Piles du Viaduc d'Oak Orchard. Vue de face. Fig.10 — Vue de côté. Fig.11

Plan. Fig.15

Coupe horizontale. Fig.12

Pied d'une Colonne. Fig.13

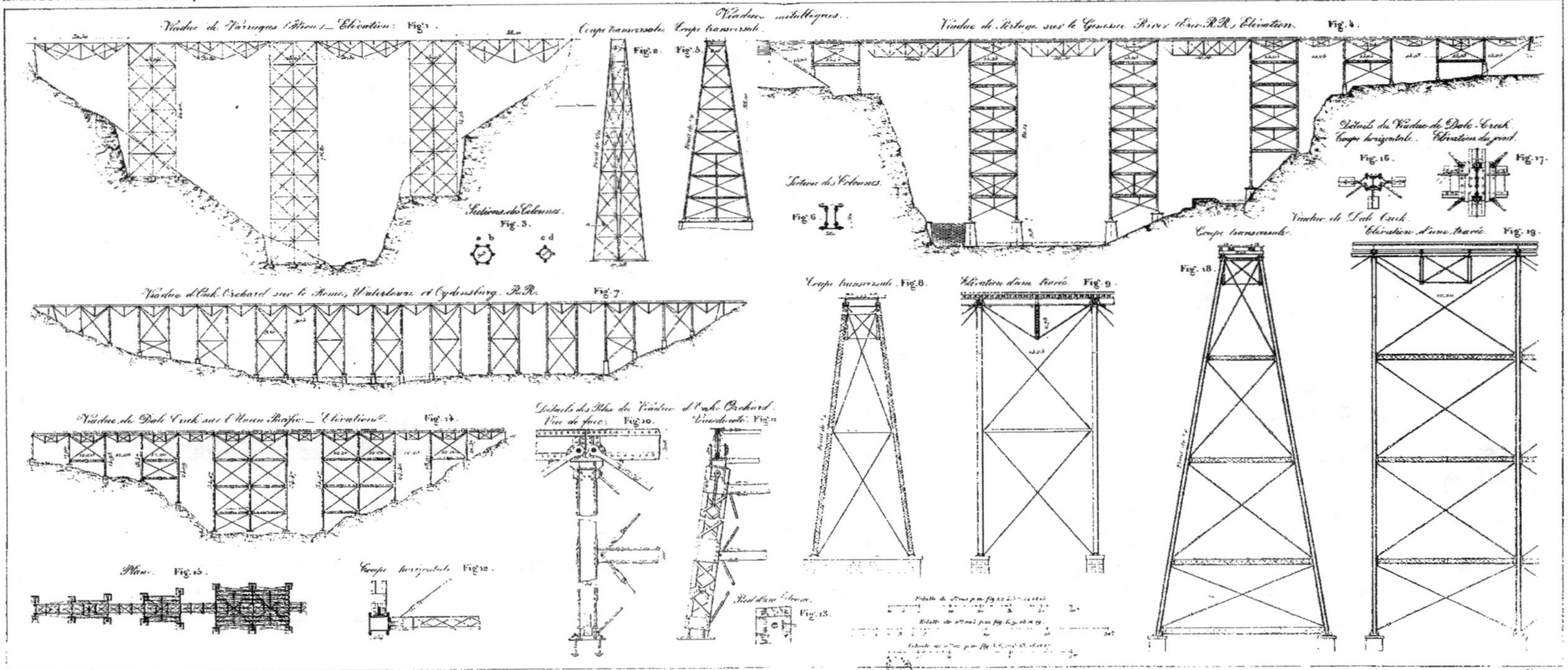

GRAND VIADUC SUR LE KENTUCKY RIVER. 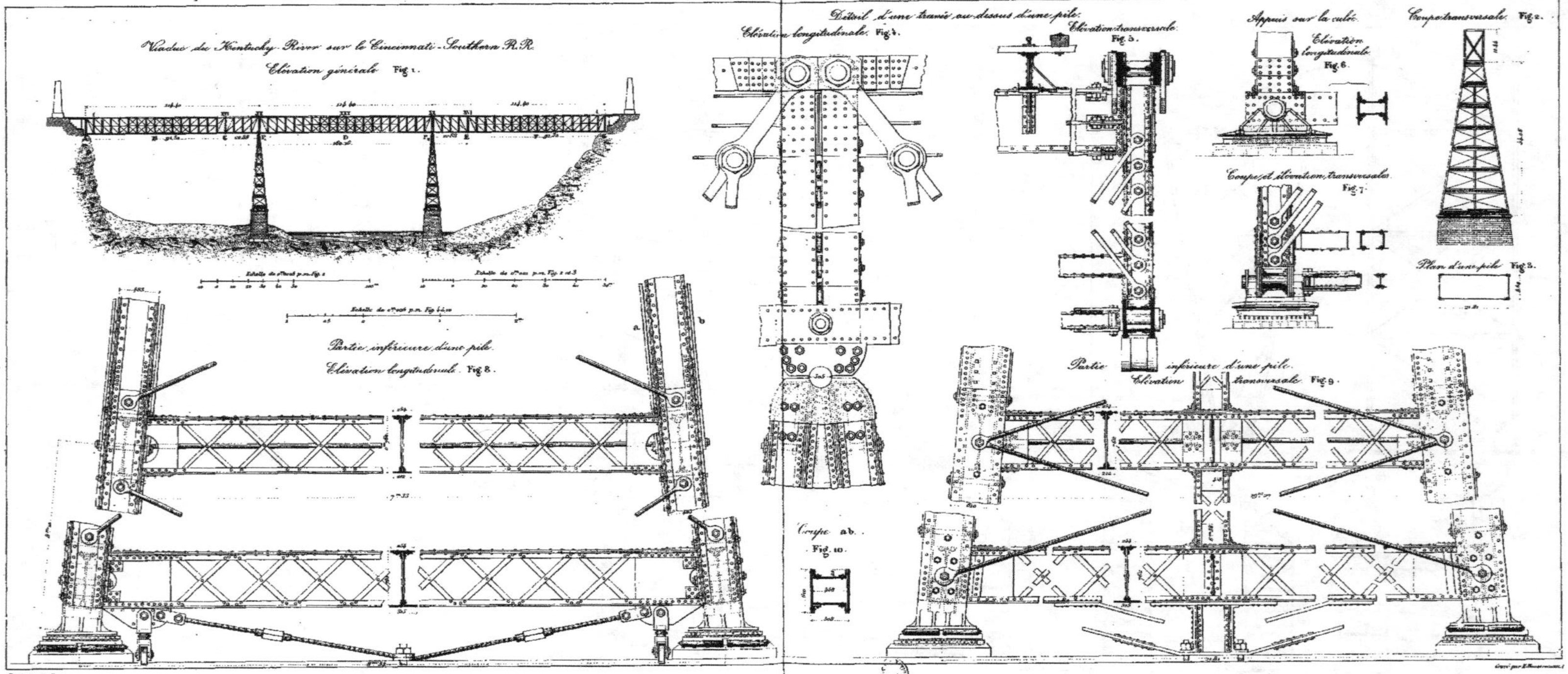
LAVOINNE et PONTZEN. Chemins de Fer en Amérique
Tome I. Pl. XIX.
Viaduc du Kentucky River sur le Cincinnati-Southern R.R.
Élévation générale. Fig. 1.
Échelle de 0m001 p.m. Fig. 1
Échelle de 0m001 p.m. Fig. 2 et 3
Échelle de 0m01 p.m. Fig. 4 à 10
Partie inférieure d'une pile.
Élévation longitudinale. Fig. 8.
Détail d'une travée au dessous d'une pile.
Élévation longitudinale. Fig. 4.
Élévation transversale. Fig. 5.
Coupe a.b.
Fig. 10.
Appuis sur la culée.
Élévation longitudinale. Fig. 6.
Coupe et élévation transversale. Fig. 7.
Coupe transversale. Fig. 2.
Plan d'une pile. Fig. 3.
Partie inférieure d'une pile.
Élévation transversale. Fig. 9.
Paris. Imp. Monrocq
Gravé par E. Rousseau.

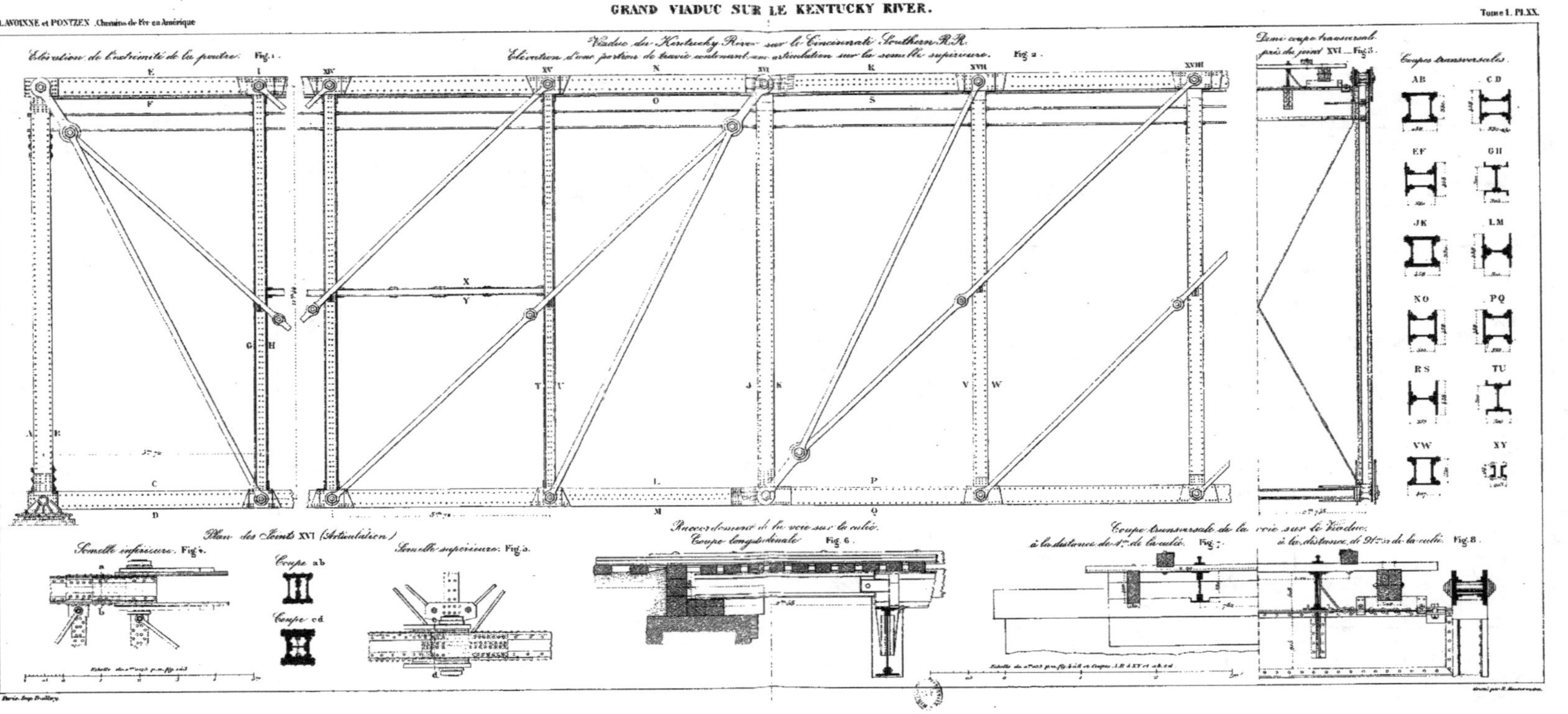

GRAND VIADUC SUR LE KENTUCKY RIVER.
LAVOINNE et PONTZEN, Chemins de Fer en Amérique
Tome I. Pl. XX.
Viaduc du Kentucky River sur le Cincinnati Southern R.R.
Élévation de l'extrémité de la poutre. Fig. 1.
Élévation d'une portion de travée contenant une articulation sur la semelle supérieure. Fig. 2.
Demi-coupe transversale pris du joint XVI. Fig. 3.
Coupes transversales.
AB CD EF GH JK LM NO PQ RS TU VW XY
Plan des Joints XVI (Articulation)
Semelle inférieure. Fig. 4.
Coupe ab
Coupe cd
Semelle supérieure. Fig. 5.
Raccordement de la voie sur la culée.
Coupe longitudinale. Fig. 6.
Coupe transversale de la voie sur le Viaduc.
à la distance de 1m de la culée. Fig. 7.
à la distance de 91m de la culée. Fig. 8.
Paris, Imp. Dulloy.
Gravé par E. Hausermann.

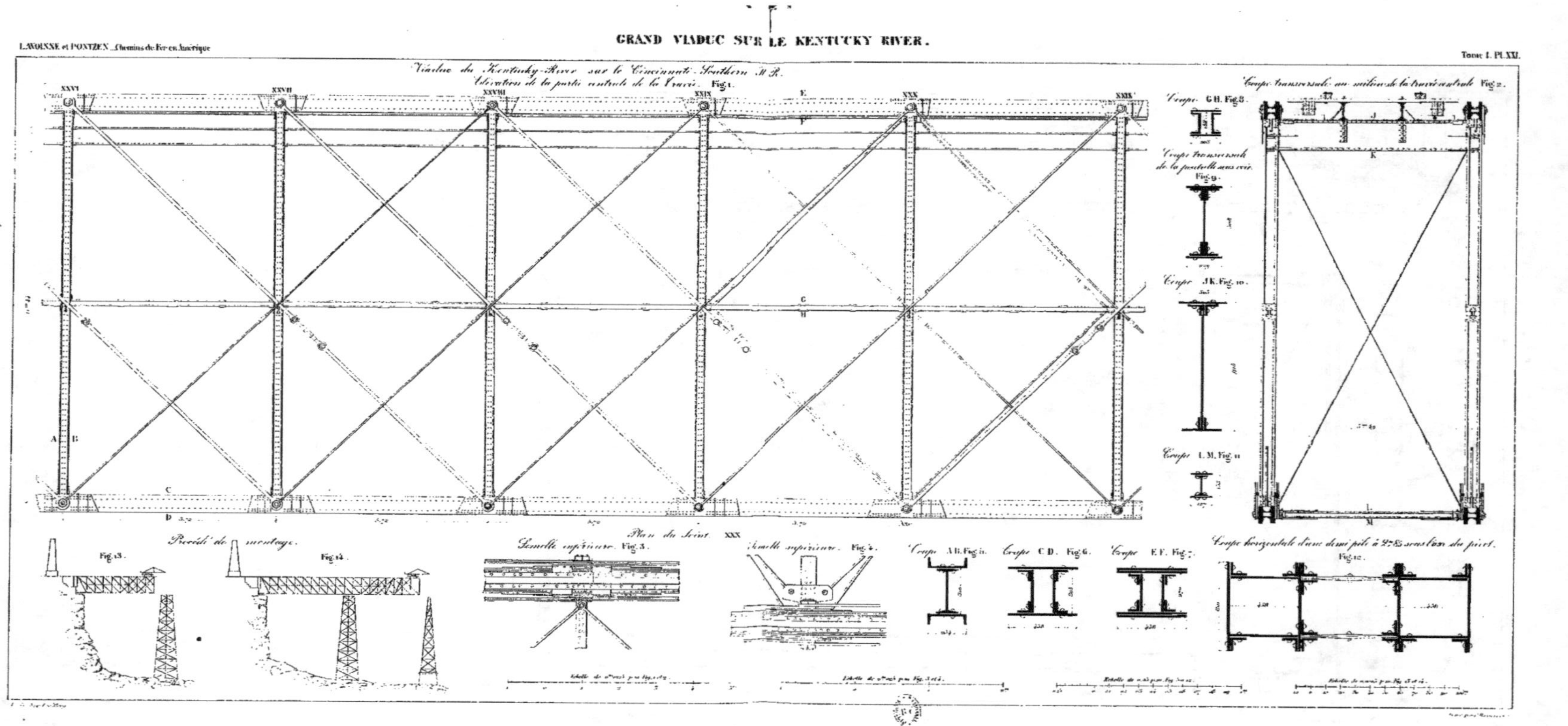

GRAND VIADUC SUR LE KENTUCKY RIVER.
LAVOINNE et PONTZEN _ Chemins de Fer en Amérique
Tome I. Pl. XXI.
Viaduc du Kentucky-River sur le Cincinnati-Southern R.R.
Élévation de la partie centrale de la travée. Fig. 1.
Coupe transversale au milieu de la travée centrale. Fig. 2.
Coupe G H. Fig. 8.
Coupe transversale de la poutrelle sous voie. Fig. 9.
Coupe J K. Fig. 10.
Coupe L M. Fig. 11.
Procédé de montage.
Fig. 13.
Fig. 14.
Plan du Joint. XXX.
Semelle supérieure. Fig. 3.
Semelle supérieure. Fig. 4.
Coupe A B. Fig. 5.
Coupe C D. Fig. 6.
Coupe E F. Fig. 7.
Coupe horizontale d'une demi-pile à 2m,85 sous l'axe du pivot. Fig. 12.

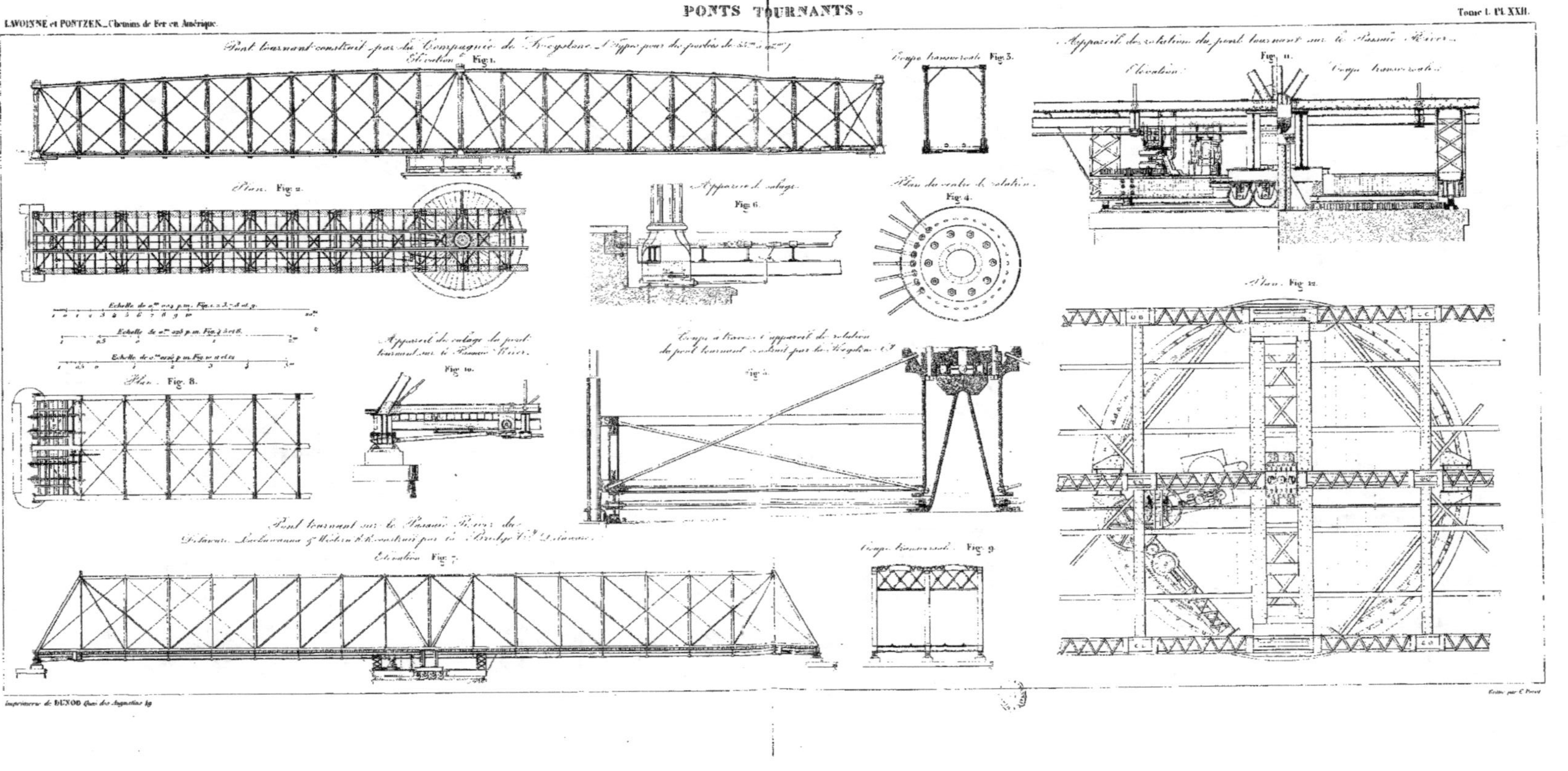

LAVOINNE et PONTZEN._Chemins de Fer en Amérique.
Tome I. Pl. XXII.
Pont tournant construit par la Compagnie de Keystone Bridge pour des portées de 53m à 64m.
Élévation. Fig. 1.
Plan. Fig. 2.
Coupe transversale Fig. 3.
Appareil de calage. Fig. 6.
Plan du centre de rotation. Fig. 4.
Appareil de rotation du pont tournant sur le Passaic River.
Élévation. Fig. 11.
Coupe transversale.
Plan. Fig. 12.
Échelle de 0m.003 p.m. Fig. 1, 3, 4 et 9.
Échelle de 0m.008 p.m. Fig. 2 et 6.
Échelle de 0m.002 p.m. Fig. 11 et 12.
Plan. Fig. 8.
Appareil de calage du pont tournant sur le Passaic River.
Fig. 10.
Coupe à travers l'appareil de rotation du pont tournant construit par la Keystone C°.
Fig. 5.
Pont tournant sur le Passaic River du Delaware, Lackawanna & Western & construit par la Bridge C° of Delaware.
Élévation. Fig. 7.
Coupe transversale. Fig. 9.
Imprimerie de DUNOD Quai des Augustins 49.
Gravé par C. Pierre.

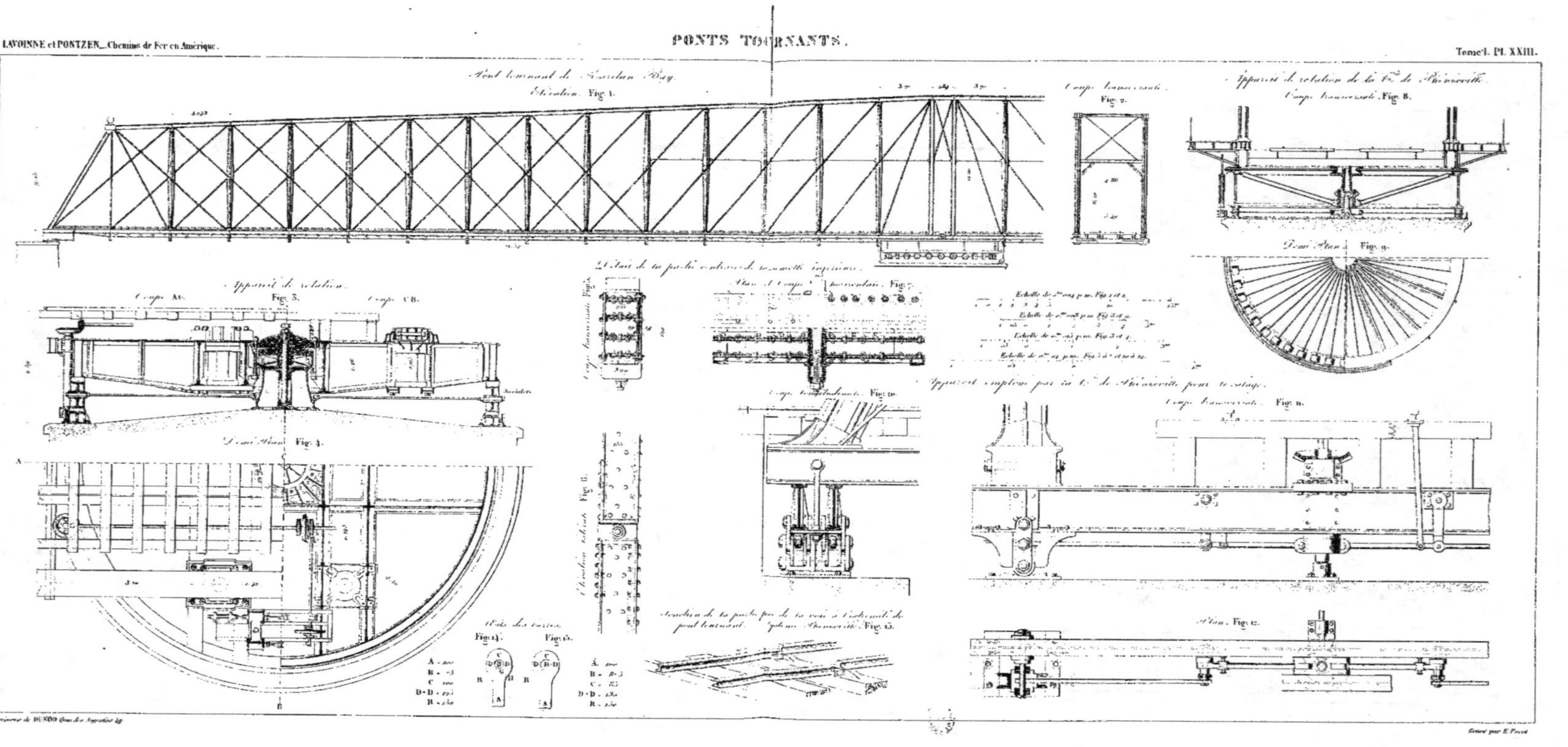

LAVOINNE et PONTZEN.__Chemins de Fer en Amérique.
PONTS TOURNANTS.
Tome I. Pl. XXIII.
Pont tournant de Jordan Bay.
Élévation. Fig. 1.
Coupe transversale. Fig. 2.
Appareil de rotation de la C.ᵉ de Plainsville.
Coupe transversale. Fig. 8.
Demi Plan. Fig. 9.
Appareil de rotation. Fig. 3.
Coupe AC.
Coupe CB.
Demi Plan. Fig. 4.
Plan et coupe transversale. Fig. 7.
Echelle de 0ᵐ,005 p.m. Fig. 1 et 2.
Echelle de 0ᵐ,01 p.m. Fig. 3 et 4.
Echelle de 0ᵐ,02 p.m. Fig. 3 et 4.
Echelle de 0ᵐ,05 p.m. Fig. 5 à 9 et 10 à 12.
Appareil employé par la C.ᵉ de Plainsville pour le relevage.
Coupe transversale. Fig. 10.
Coupe longitudinale. Fig. 11.
Charpente relevée. Fig. 6.
Fig. 13.   Fig. 15.
Essieu des galets.
A ..
B ..
C ..
D-D ..
R ..
Jonction de la partie fixe de la voie à l'extrémité du pont tournant. Système Plainsville. Fig. 13.
Plan. Fig. 12.
Imprimerie de DUSOS
Gravé par E. Prévi

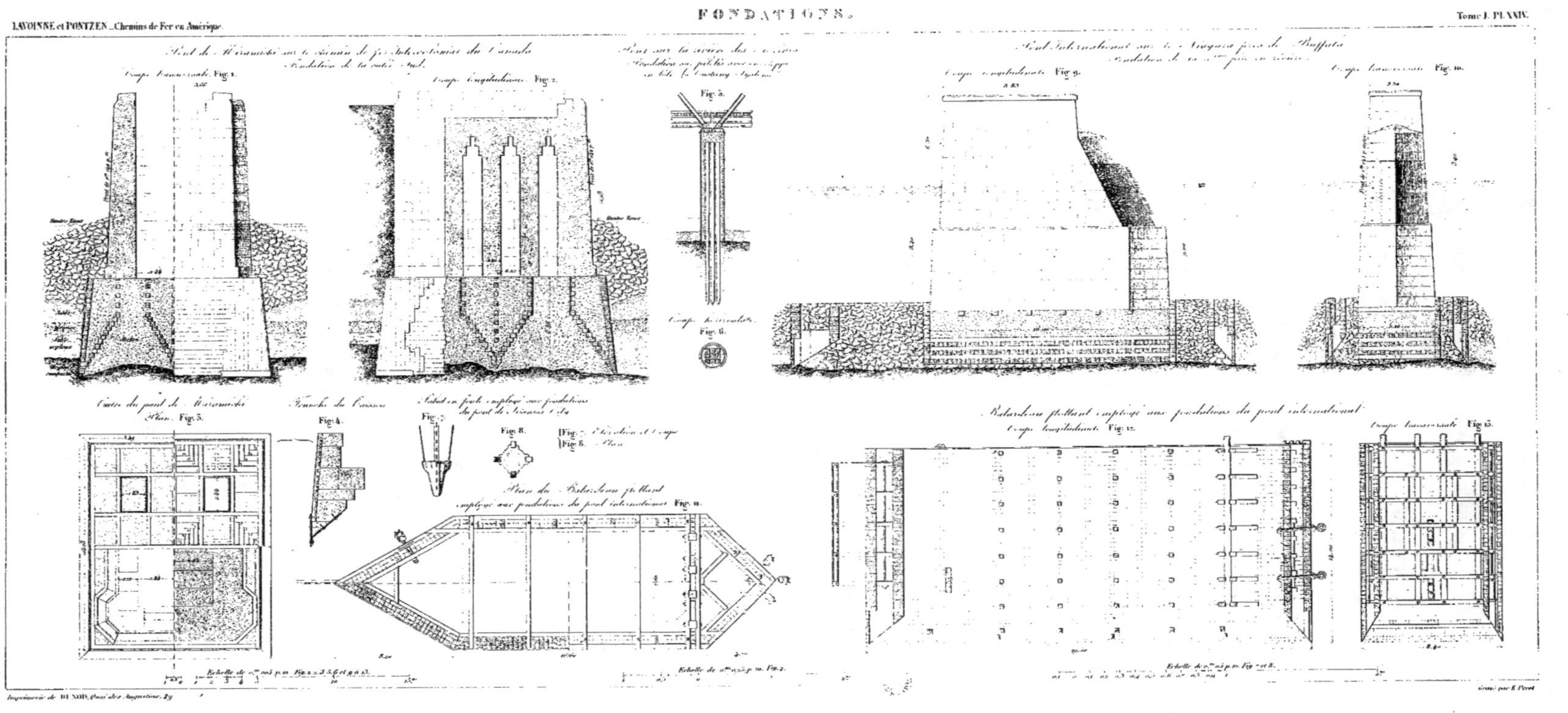

FONDATIONS.
LAVOINNE et PONTZEN _ Chemins de Fer en Amérique.
Tome I. Pl. XXIV.
Fig. 1.
Fig. 2.
Fig. 3.
Fig. 4.
Fig. 5.
Fig. 6.
Fig. 7.
Fig. 8.
Fig. 9.
Fig. 10.
Fig. 11.
Fig. 12.
Fig. 13.
Imprimerie de BINEAU, Quai des Augustins, 29.
Grave par E. Pérot.

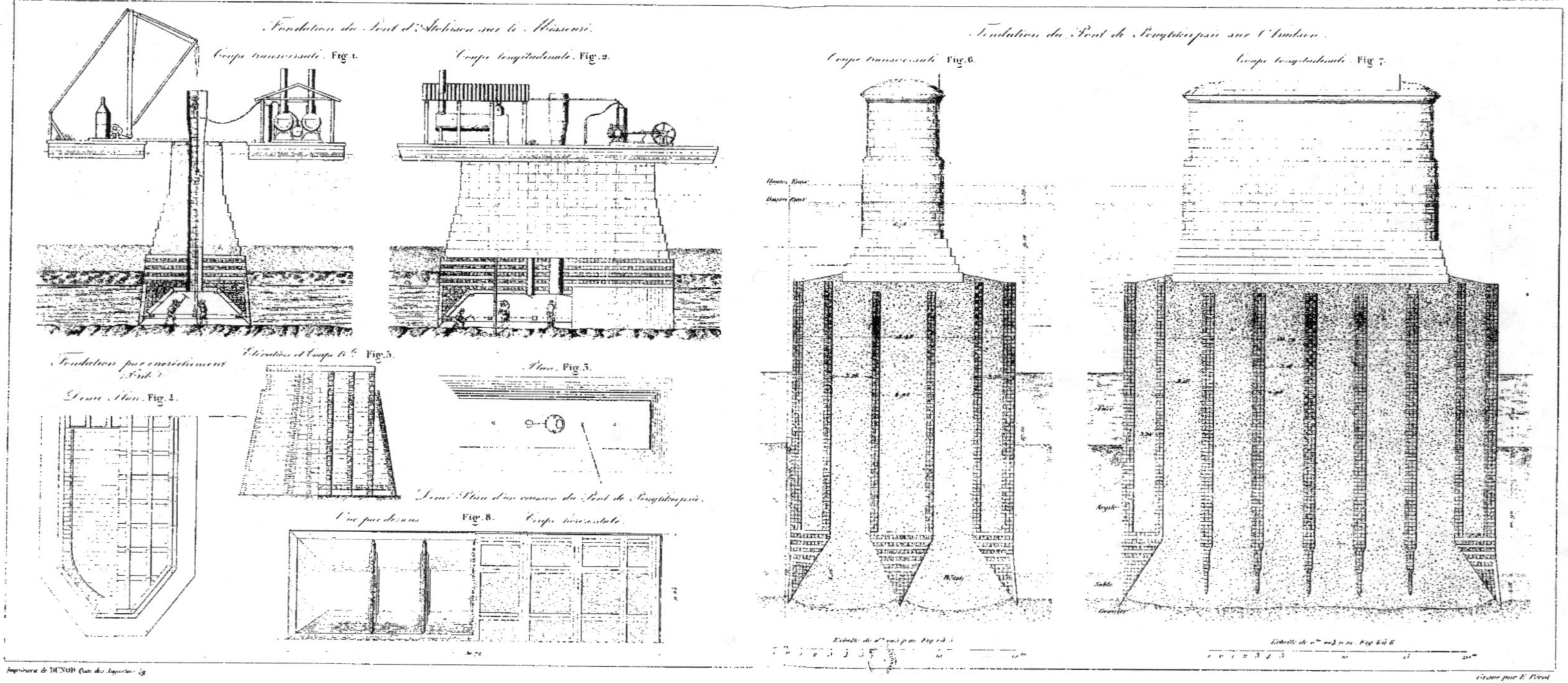

Fondation du Pont d'Atchison sur le Missouri.

Coupe transversale. Fig. 1.

Coupe longitudinale. Fig. 2.

Fondation du Pont de Poughkeepsie sur l'Hudson.

Coupe transversale. Fig. 6.

Coupe longitudinale. Fig. 7.

Fondation par enrochement.

Demi Plan. Fig. 4.

Élévation et Coupe b.c. Fig. 5.

Plan. Fig. 3.

Demi Plan d'un caisson du Pont de Poughkeepsie.

Vue par dessus. Fig. 8.

Coupe horizontale.

Échelle de 0,005 p.m pour Fig. 1 à 5.

Échelle de 0,003 p.m pour Fig. 6 à 8.

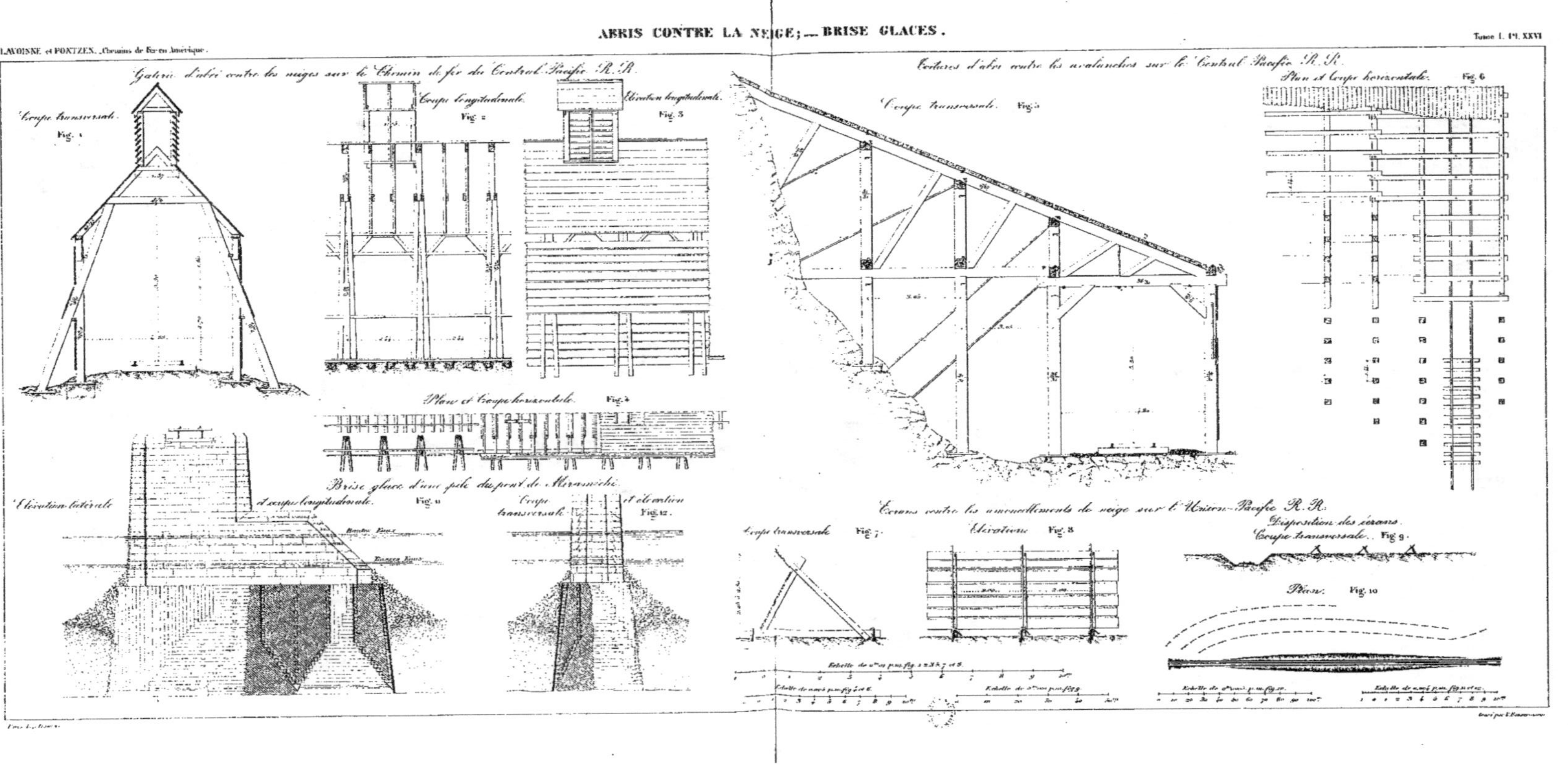

LAVOISNE et PONTZEN. Chemins de fer en Amérique.
ABRIS CONTRE LA NEIGE; — BRISE GLACES.
Tome I. Pl. XXVI
Galerie d'abri contre les neiges sur le Chemin de fer du Central Pacific R. R.
Coupe transversale. Fig. 1
Coupe longitudinale. Fig. 2
Élévation longitudinale. Fig. 3
Plan et Coupe horizontale. Fig. 4
Toitures d'abri contre les avalanches sur le Central Pacific R. R.
Coupe transversale. Fig. 5
Plan et Coupe horizontale. Fig. 6
Brise glace d'une pile du pont de Miramichi.
Élévation latérale et coupe longitudinale. Fig. 11
Coupe transversale et élévation. Fig. 12
Écrans contre les amoncellements de neige sur l'Union-Pacific R. R.
Coupe transversale. Fig. 7
Élévation. Fig. 8
Disposition des écrans.
Coupe transversale. Fig. 9
Plan. Fig. 10

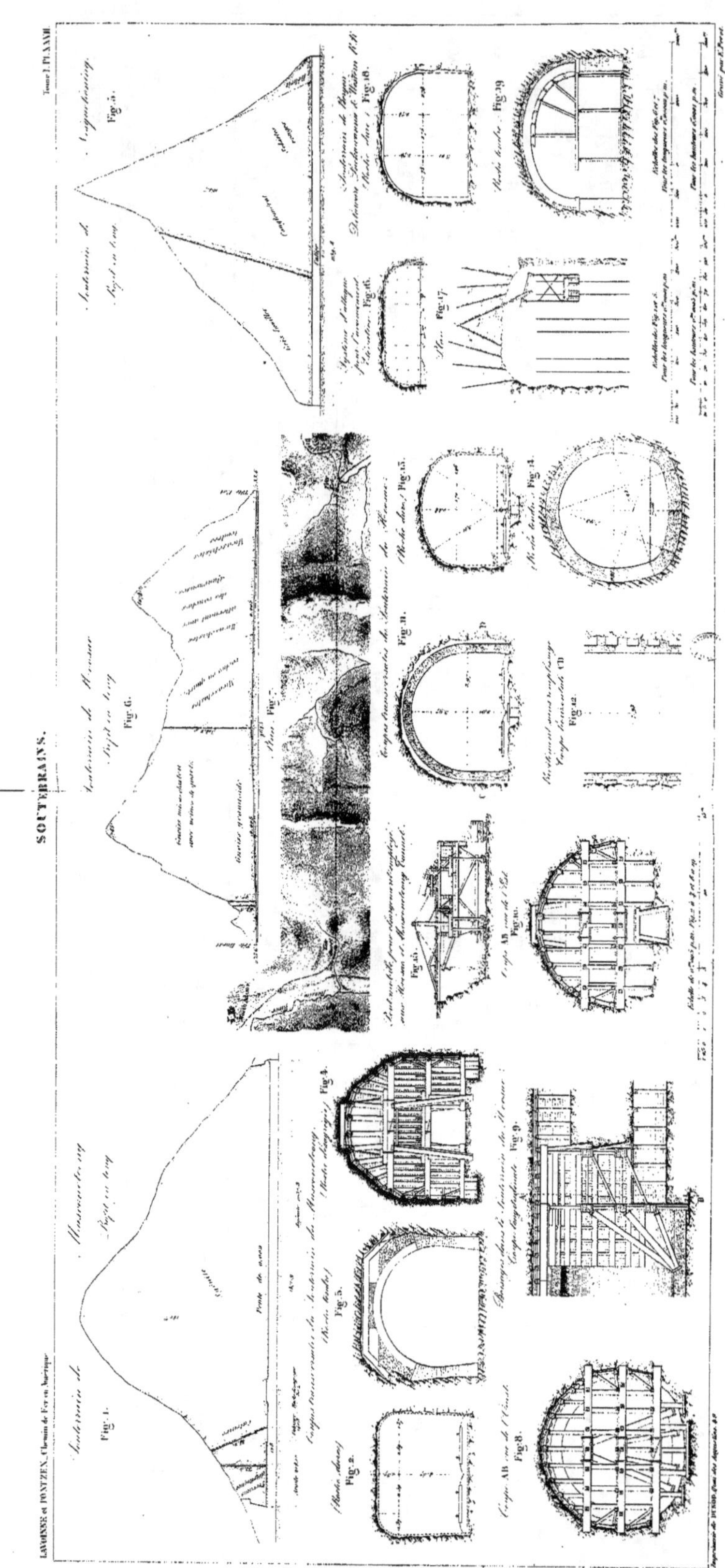

LAVOINNE et PONTZEN. _ Chemins de Fer en Amérique.

Tome I. Pl. XXVIII

Souterrain faisant suite au Pont sur le Mississippi à St. Louis.

Profil en long. Fig. 1.

Ville de St. Louis (Missouri)

East St. Louis (Illinois)

Plan de comparaison de la Ville de St. Louis: 115m,93 au dessus du niveau moyen de la mer dans le Golfe du Mexique.

Alignements du Souterrain.

Souterrains dans la roche dure sur les chemins de fer: Union et Central Pacific: Western North Carolina.

Fig. 3. Fig. 4.

Chemin de fer de Pennsylvanie.

Souterrain de Spruce Creek. Fig. 7.

Souterrain de West-Philadelphie (Côté Ouest) Fig. 8.

Coupe transversale du Souterrain de St. Louis.

Fig. 2.

Demi-Section à radier et à puits d'airage.

Demi-Section sans radier accompagné d'un égout.

Profils de Souterrains dans la roche désagrégée et l'argile sur le Baltimore et Potomac R.R.

Fig. 5.

Fig. 6.

Chemin de fer du Cincinnati-Southern.

Souterrain en roche dure. Fig. 10. Souterrain N°12. Fig. 11.

Chemin de fer de Nashville et Decatur (roche dure) Fig. 12.

Chemin de fer de l'Hudson-River (Sucon profil en roche dure) Fig. 13.

Chemin de fer de Champlain-Ohio. Fig. 14.

Chemin de fer St. Albany-Susquehanna (Woust ou Summit Tunnel) Fig. 15.

Chemin de fer de Pennsylvanie (Alleghany Tunnel) Fig. 9.

Coupe transversale du Souterrain de Baltimore. (Union R.R.) Fig. 23.

Chemins de fer de Baltimore-Ohio.

Coupe de revêtement en bois.

Souterrain de Pinkerton. Fig. 17.

Souterrain de Brodie. Fig. 19.

Chemins de fer du Central et de l'Union Pacific.

Coupe de boisage. Fig. 20.

Boisage des Côtés. Fig. 22.

Fig. 16.

Fig. 18.

Fig. 21.

Echelle des longueurs de 0m,001 p.m. Fig. 1.

Echelle des hauteurs de 0m,005 p.m. Fig. 1.

Echelle de 0m,005 p.m. Fig. 2 à 23.

Imprimerie de DUNOD. Quai des Augustins. 49.

Gravé par E. Pérot.

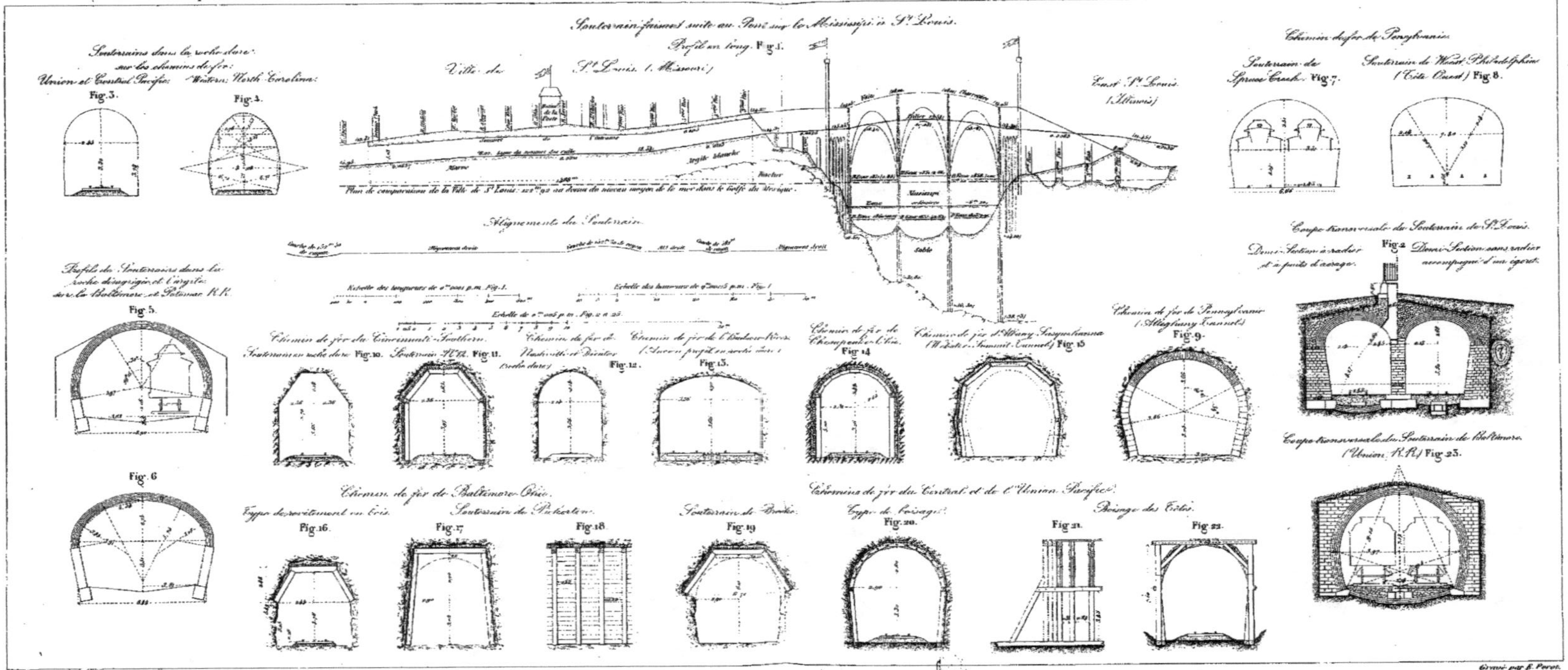

VOIE: PROFILS DE RAILS ET CONSOLIDATION DES JOINTS

Rail Stevens — 1er Projet. Fig. 1.
Camden Amboy R.R. (d'après traces de niveau) Fig. 4.
Denver et Rialgrande R.R. Fig. 5.
Central Pacific R.R. Fig. 6.
Central R.R. of New Jersey Fig. 7. Fig. 8.
Lehigh Valley R.R. Fig. 9. Fig. 10.
Louisville & Nashville R.R. Fig. 12. Fig. 13.
Philadelphia Wilmington & Baltimore R.R. Fig. 18.
Pennsylvania R.R. Fig. 19. Fig. 20.

1er Projet du Rail Stevens. Élévation. Fig. 2.
Plan. Fig. 3.

Lehigh Valley R.R. Élévation du joint. Fig. 11.
Pennsylvania R.R. Élévation du joint. Fig. 21.

Philadelphia Wilmington & Baltimore R.R. Fig. 17. Fig. 23.

Élévation. Fig. 14.
Plan. Fig. 15.

Louisville et Nashville R.R. Élévation. Fig. 16.
Plan. Fig. 17.

Joint des rails en acier. Fig. 24.
Cincinnati Southern Rail Road. Rail en acier. Fig. 22. Rail en fer. Fig. 23.
Joint Fisher des rails en fer. Fig. 25.
Coupe a b Fig. 26. Coupe c d Fig. 27.
Joint Weber du Michigan Southern Rail Road. Élévation. Fig. 27.

Erie Rail Road. Fig. 30. Élévation du joint. Fig. 31.
Coupe e f Fig. 33. Plaque d'appui Fig. 37.
Interoceanic Railway Hubbard Joint. Élévation. Fig. 32.
Joint Fisher et Norris. Élévation. Fig. 34. Coupe g h Fig. 35.
Plan. Fig. 29.

Rondelle Anchile. Fig. 36.
Rondelles élastiques sans écrous. Fig. 38. Fig. 39.
Plaque en acier pour prévenir le desserrage des écrous. Système Taylor. Fig. 40.
Plaque d'attache dite Cruzault. Syst. Cochrane. Élévation. Fig. 41. Plan. Fig. 42.

Échelle de 0m,25 p m Fig. 1,2 à 20 et 22, 28 à 27, 30, 36 et 38 à 23.
Échelle de 0m,10 p m Fig. 3,21 et 23 et 29, 31 à 35 et 37.

LAVOINNE et PONTZEN _ Chemins de fer en Amérique.

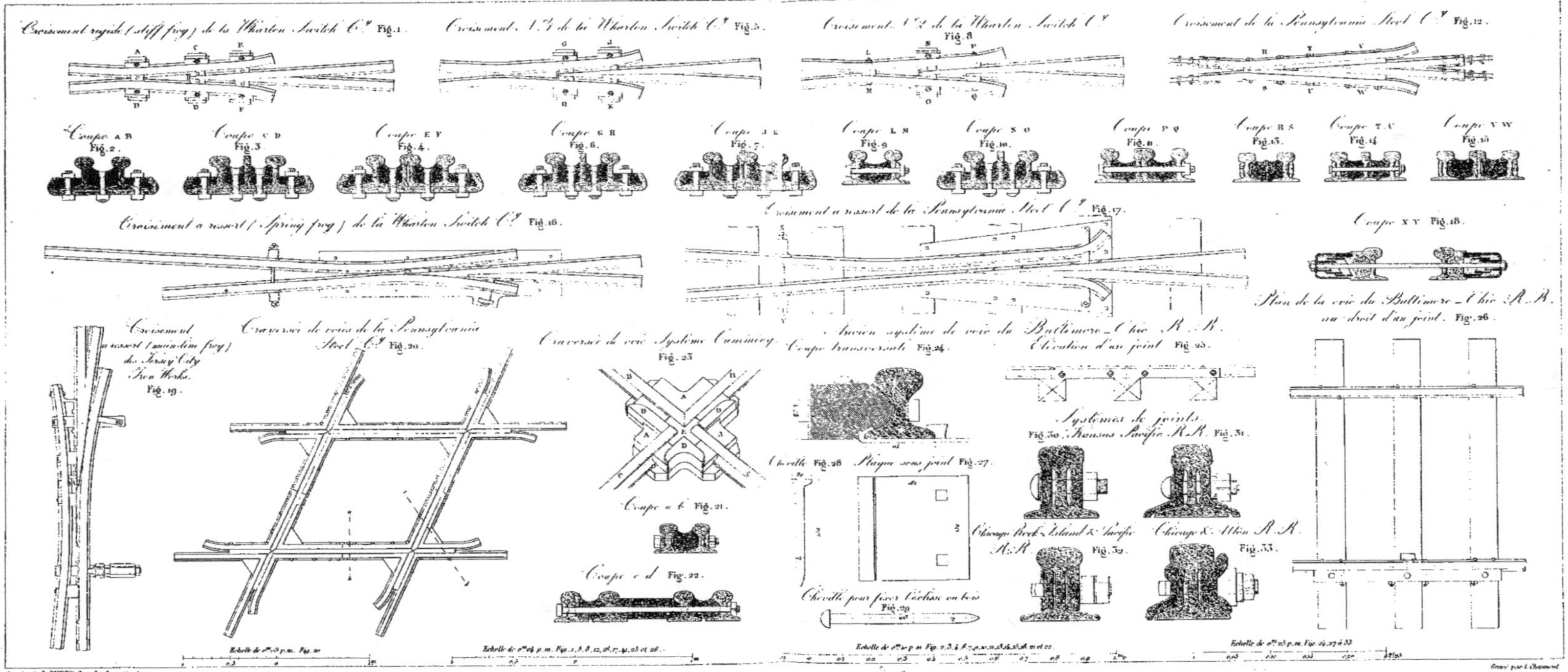

Croisement rigide (stiff frog) de la Wharton Switch C.° Fig. 1.

Croisement N.° 4 de la Wharton Switch C.° Fig. 5.

Croisement N.° 2 de la Wharton Switch C.° Fig. 8.

Croisement de la Pennsylvania Steel C.° Fig. 12.

Coupe A B Fig. 2.

Coupe C D Fig. 3.

Coupe E F Fig. 4.

Coupe G H Fig. 6.

Coupe J K Fig. 7.

Coupe L M Fig. 9.

Coupe N O Fig. 10.

Coupe P Q Fig. 11.

Coupe R S Fig. 13.

Coupe T U Fig. 14.

Coupe V W Fig. 15.

Croisement a ressort (Spring frog) de la Wharton Switch C.° Fig. 16.

Croisement a ressort de la Pennsylvania Steel C.° Fig. 17.

Coupe X Y Fig. 18.

Plan de la voie du Baltimore _ Ohio R. R. au droit d'un joint. Fig. 26.

Croisement a ressort (swing-dem frog) du Jersey City Iron Works. Fig. 19.

Traversée de voie de la Pennsylvania Steel C.° Fig. 20.

Traversée de voie Système Cummings Fig. 23.

Ancien système de voie du Baltimore _ Ohio R. R. Coupe transversale Fig. 24.

Élévation d'un joint Fig. 25.

Systèmes de joints Fig. 30. Kansas Pacific R.R. Fig. 31.

Cheville Fig. 28.

Plaque sous joint Fig. 27.

Coupe a b Fig. 21.

Coupe c d Fig. 22.

Chicago Rock _ Island & Pacific R. R. Fig. 32.

Chicago & Alton R. R. Fig. 33.

Cheville pour fixer l'éclisse en bois Fig. 29.

Echelle de 0.³ p. m. Fig. 20.

Echelle de 0.⁴ p. m. Fig. 1, 5, 8, 12, 16, 17, 19, 23 et 26.

Echelle de 0.⁵ p. m. Fig. 2, 3, 4, 6, 7, 9, 10, 11, 13, 14, 15, 21 et 22.

Echelle de 0.⁵ p. m. Fig. 24, 27 à 33.

Imprimerie de DUNOD (rue des Ayyentines) 36.

Gravé par L. Beaumont.

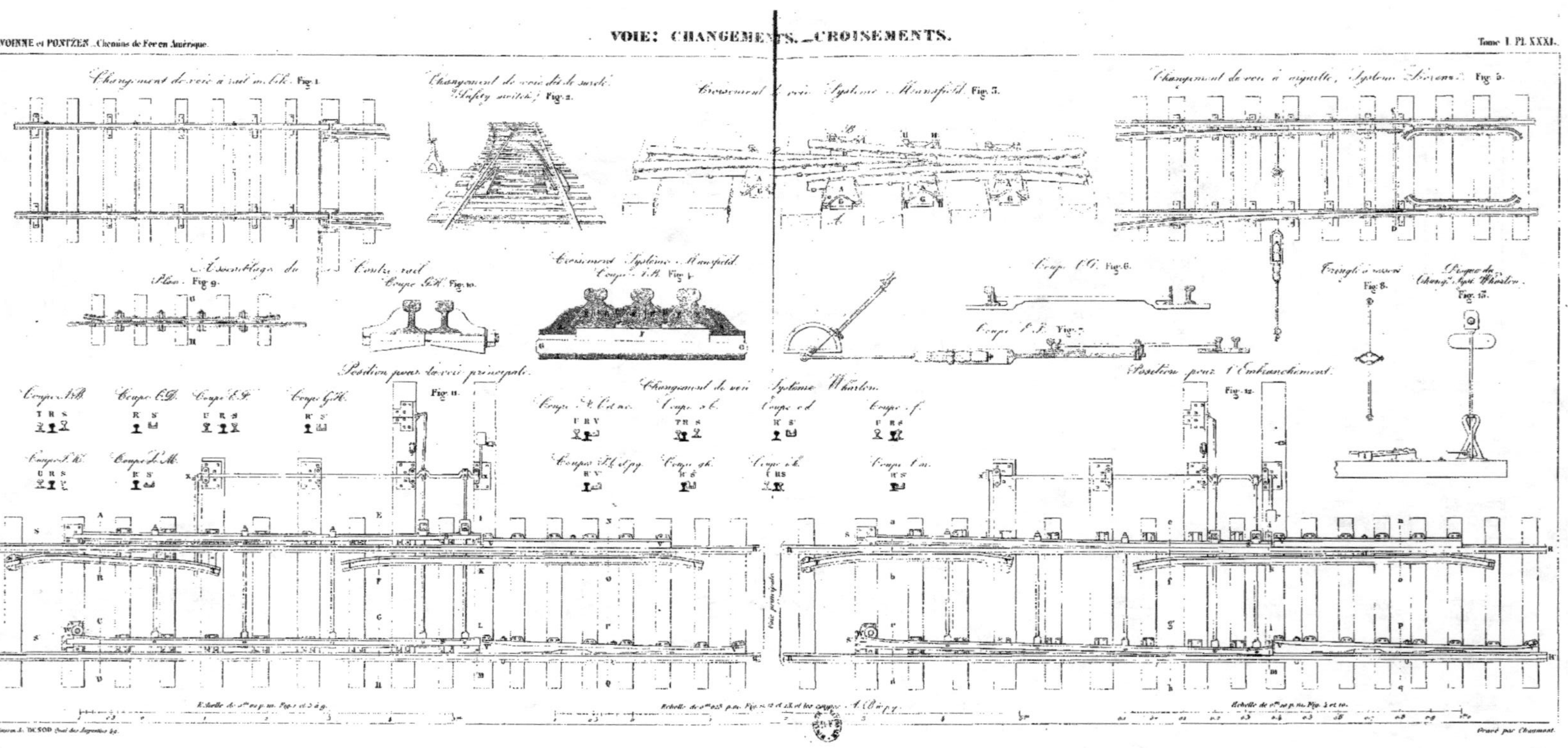
Changement de voie à rail mobile. Fig. 1.
Changement de voie dit de sûreté. (Safety switch.) Fig. 2.
Croisement de voie. Système Mansfield. Fig. 3.
Changement de voie à aiguille. Système Sereno. Fig. 5.
Assemblage du Plateau. Fig. 9.
Contre-rail. Coupe G.H. Fig. 10.
Croisement Système Mansfield. Coupe I.K. Fig. 4.
Coupe C.G. Fig. 6.
Coupe E.F. Fig. 7.
Frangle à ressort. Fig. 8.
Disque du Chang.t syst.e Wharton. Fig. 13.
Position pour la voie principale.
Changement de voie Système Wharton.
Position pour l'Embranchement.
Fig. 11.
Fig. 12.
Coupe A.B.   Coupe C.D.   Coupe E.F.   Coupe G.H.
Coupe I.K.   Coupe L.M.
Coupe A.B. et c.
Coupe I.K. et pg.
Coupe o.b.
Coupe gh.
Coupe cd.
Coupe ik.
Coupe f.
Coupe l.m.
Échelle de 0m,05 p.r Fig.s 1 à 3 & 9.
Échelle de 0m,03 p.r Fig.s 12 et 13 et les coupes A.B. pg.
Échelle de 0m,05 p.r Fig.s 11 et 12.
Imp. lemercier, DESOD Quai des Augustins 55.
Gravé par Chaumont.

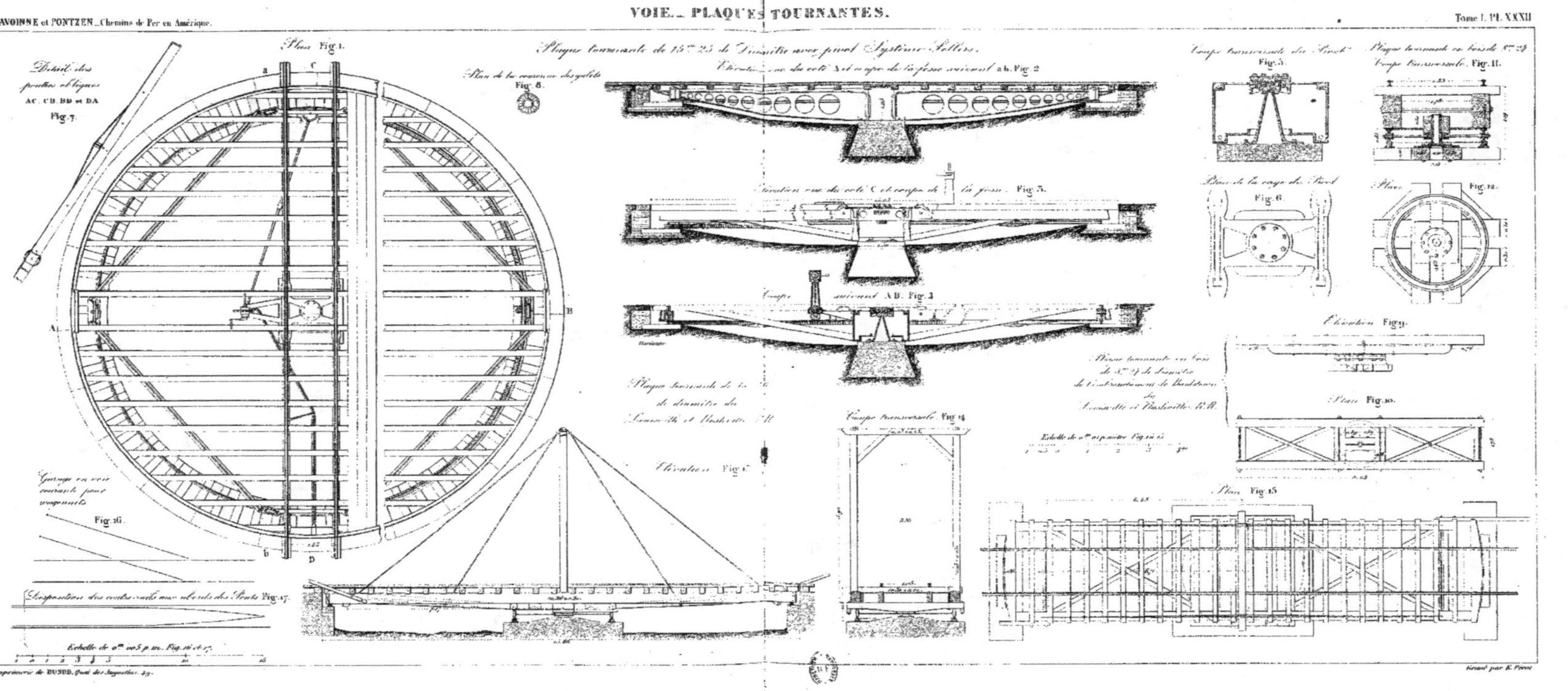
Plan. Fig. 1.
Détail des poutres obliques AC, CB, BD et DA. Fig. 7.
Plaque tournante de 15m,25 de Diamètre avec pivot Système Sellers.
Plan de la couronne du galets Fig. 8.
Élévation vue du coté A et coupe de la fosse suivant a b. Fig. 2
Coupe transversale du Pivot Fig. 3.
Plaque tournante en boisde 8m,24 Coupe transversale. Fig. 11.
Élévation vue du coté C et coupe de la fosse. Fig. 5.
Plan de la cage du Pivot Fig. 6.
Plan. Fig. 12.
Coupe suivant AB. Fig. 4
Plaque tournante de la de diamètre de Louisville et Nashville. R. R.
Élévation Fig. 9.
Plaque tournante en bois de 8m,24 de diamètre de l'embranchement de Bardstown du Louisville et Nashville R. R.
Plan. Fig. 10.
Garage en voie courante pont wagonnets Fig. 16.
Élévation Fig. 13.
Coupe transversale. Fig. 14.
Échelle de 0m,05 par mètre Fig. 13 et 14.
Plan. Fig. 15.
Disposition des voies rails aux abords des Ponts Fig. 17.
Échelle de 0m,05 p. m. Fig. 16 et 17.
Imprimerie de DUND. Quai des Augustins. 29.
Gravé par E. Picot.

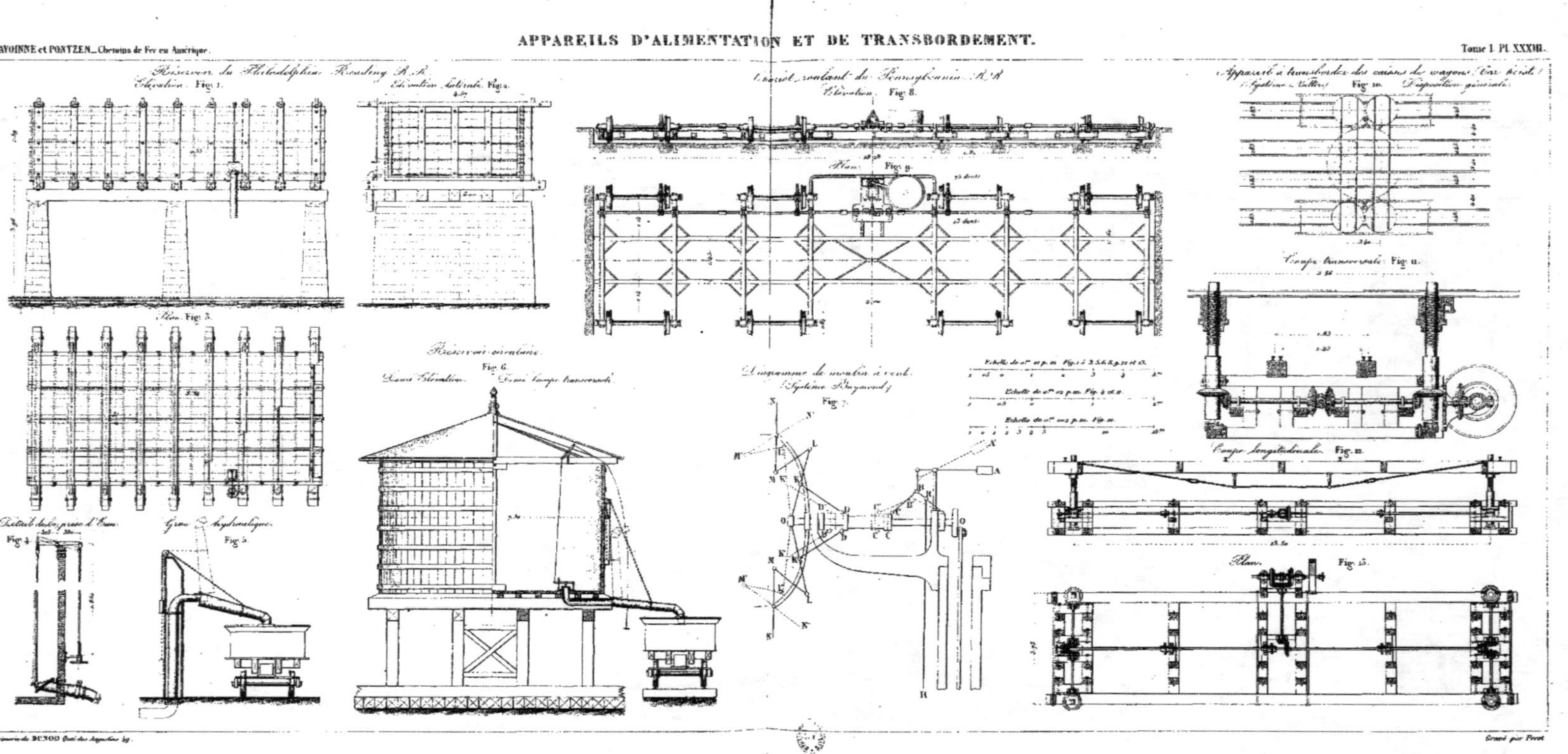
Réservoir du Philadelphia Reading R.R.
Élévation. Fig. 1.
Élévation latérale. Fig. 2.
Plan. Fig. 3.
Chariot roulant du Pennsylvania R.R.
Élévation. Fig. 8.
Plan. Fig. 9.
Appareil à transborder des caisses de wagons.
Système Kalten. Fig. 10. Disposition générale.
Coupe transversale. Fig. 11.
Coupe longitudinale. Fig. 12.
Plan. Fig. 13.
Réservoir circulaire. Fig. 6.
Demi Élévation. Demi Coupe transversale.
Mécanisme de moulin à vent.
Système Baymond. Fig. 7.
Échelle de 0m 025 p.m. Fig. 1.2.3.5.6.8.9.10 et 13.
Échelle de 0m 05 p.m. Fig. 4 et 11.
Échelle de 0m 025 p.m. Fig. 12.
Détail de la prise d'Eau. Fig. 4.
Grue hydraulique. Fig. 5.

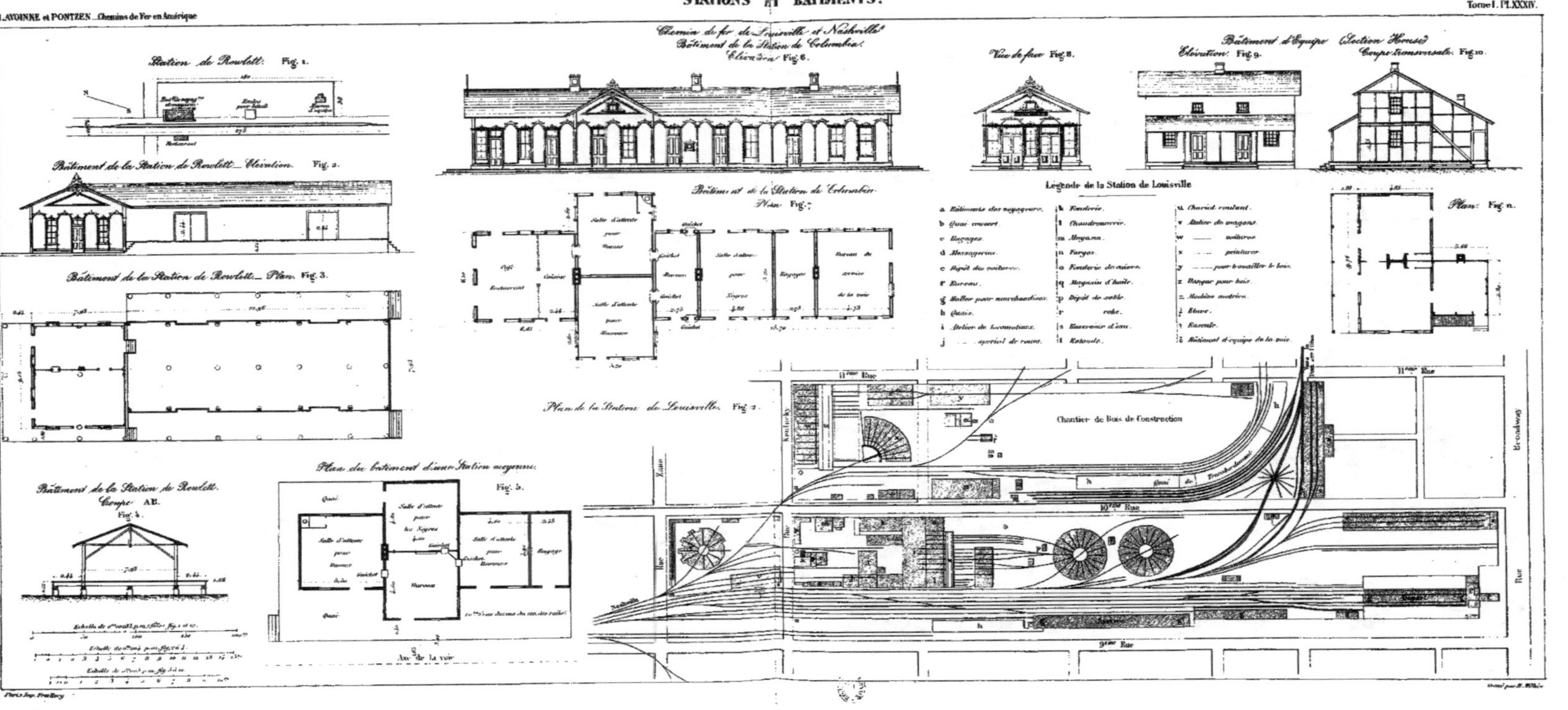

STATIONS ET BÂTIMENTS.
LAVOINNE et PONTZEN — Chemins de Fer en Amérique
Tome I. PL.XXXIV.
Station de Rowlett. Fig. 1.
Bâtiment de la Station de Rowlett — Élévation. Fig. 2.
Bâtiment de la Station de Rowlett — Plan. Fig. 3.
Bâtiment de la Station de Rowlett. Coupe A.B. Fig. 4.
Plan du bâtiment d'une Station moyenne. Fig. 5.
Chemin de fer de Louisville et Nashville
Bâtiment de la Station de Columbia. Élévation. Fig. 6.
Bâtiment de la Station de Columbia. Plan. Fig. 7.
Vue de face. Fig. 8.
Bâtiment d'Équipe. Élévation. Fig. 9.
Section House. Corps transversale. Fig. 10.
Plan. Fig. 11.
Plan de la Station de Louisville. Fig. 2.
Chantier de Bois de Construction.
Légende de la Station de Louisville
a. Bâtiment des voyageurs.
b. Quai couvert.
c. Bagages.
d. Messagerie.
e. Dépôt des voitures.
f. Bureau.
g. Halle pour marchandises.
h. Quais.
i. Atelier de locomotives.
j. appareil de roues.
k. Fonderie.
l. Chaudronnerie.
m. Magasin.
n. Forges.
o. Fonderie de cuivre.
q. Magasin d'huile.
p. Dépôt de sable.
r. coke.
s. Réservoir d'eau.
t. Rotonde.
u. Chariot roulant.
v. Atelier de wagons.
w. voitures.
x. peintures.
y. pour travailler le bois.
z. Hangar pour bois.
Machine motrice.
Étuve.
Bascule.
Bâtiment d'équipe de la voie.
Broadway.
11me Rue.
10me Rue.
9me Rue.
Axe de la voie.

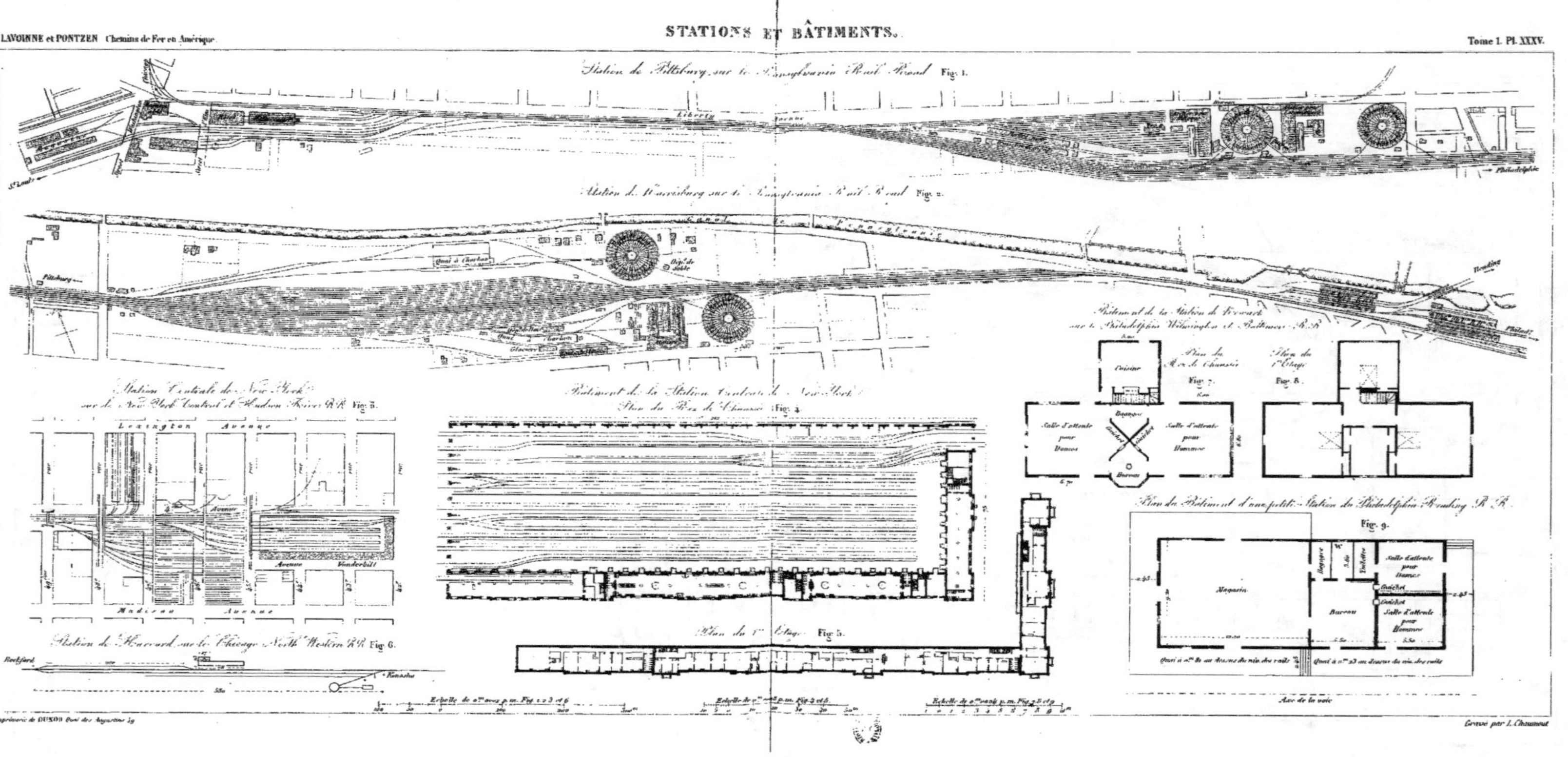

LAVOINNE et PONTZEN Chemins de Fer en Amérique
STATIONS ET BÂTIMENTS.
Tome I. Pl. XXXV.
Station de Pittsburg, sur le Pensylvania Rail Road Fig. 1.
Liberty   Avenue
St Louis   Philadelphie
Station de Harrisburg, sur le Pensylvania Rail Road Fig. 2.
Canal   de   Pensylvanie
Pittsburg
Quai à Charbon   Dépôt de sable
Quai à Charbon   Philad.
Glaciere   Reading
Bâtiment de la Station de Newark
sur le Philadelphia Wilmington et Baltimore R. R.
Plan du   Plan du   Plan du
Rez de Chaussée   1er Etage
Fig. 7.   Fig. 8.
Cuisine
Salle d'attente   Bagage   Salle d'attente
pour   Guichet Guichet   pour
Dames   Hommes
Bureau
Station Centrale de New-York
sur le New-York Central et Hudson River R.R. Fig. 3.
Lexington   Avenue
Avenue
Avenue   Vanderbilt
Madison   Avenue
Bâtiment de la Station Centrale de New-York
Plan du Rez de Chaussée Fig. 4.
Plan du Bâtiment d'une petite Station du Philadelphia Reading R. R.
Fig. 9.
Magasin   Bagage   Salle d'attente
Vestiaire   pour Dames
Guichet
Bureau   Salle d'attente
Guichet   pour Hommes
Quai à 0m.8e au dessus du niv. des rails   Quai à 0m.23 au dessus du niv. des rails
Axe de la voie
Plan du 1er Etage Fig. 5.
Station de Harvard, sur le Chicago North Western R.R. Fig. 6.
Rockford   Kenosha
Echelle de 0m.avec p.m. Fig. 1.3 et 6   Echelle de 1m.p.m. Fig. 3 et 4   Echelle de 0m.avec p.m. Fig. 2 et 9
Imprimerie de DUSOS Quai des Augustins 59   Gravé par L. Chaumont.

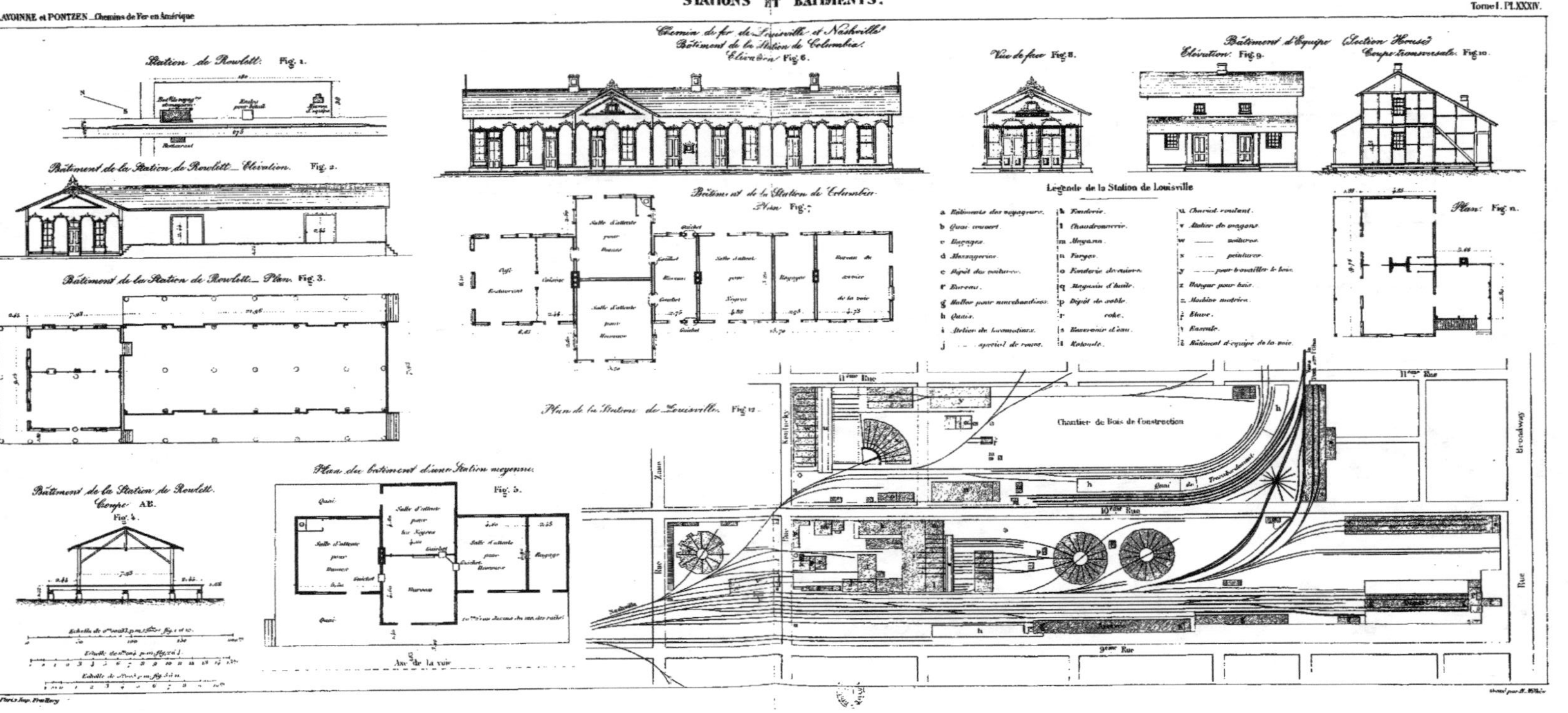
LAVOINNE et PONTZEN — Chemins de Fer en Amérique
Tome I. Pl.XXXIV.
Station de Rowlett. Fig. 1.
Bâtiment de la Station de Rowlett — Élévation. Fig. 2.
Bâtiment de la Station de Rowlett — Plan. Fig. 3.
Bâtiment de la Station de Rowlett. Coupe. AB. Fig. 4.
Plan du bâtiment d'une Station moyenne. Fig. 5.
Axe de la voie
Chemin de fer de Louisville et Nashville.
Bâtiment de la Station de Columbia. Élévation. Fig. 6.
Bâtiment de la Station de Columbia. Plan. Fig. 7.
Vue de face. Fig. 8.
Bâtiment d'Équipe (Section House). Élévation. Fig. 9.
Coupe transversale. Fig. 10.
Plan. Fig. 11.
Légende de la Station de Louisville.
a Bâtiment des voyageurs.
b Quai couvert.
c Bagages.
d Messageries.
e Dépôt des voitures.
f Bureaux.
g Atelier pour marchandises.
h Quais.
i Atelier de locomotives.
j appareil de revue.
k Fonderie.
l Chaudronnerie.
m Forges.
n Fonderie de cuivre.
o Magasin d'huile.
p Dépôt de sable.
q coke.
r Réservoir d'eau.
s Rotonde.
u Chariot roulant.
v Atelier de wagons.
w voitures.
x peintures.
y pour travailler le bois.
z Banque pour bois.
z Machine motrice.
z Étuve.
z Bascule.
z Bâtiment d'équipe de la voie.
Plan de la Station de Louisville. Fig. 12.
Chantier de Bois de Construction.
Broadway.
Kentucky.
Zane.
Nashville.
11ème Rue.
10ème Rue.
9ème Rue.
Rue.
Quai de Transbordement.
Paris.Imp. Fraillery.
Dessiné par E. Wilie.

STATIONS ET BÂTIMENTS.

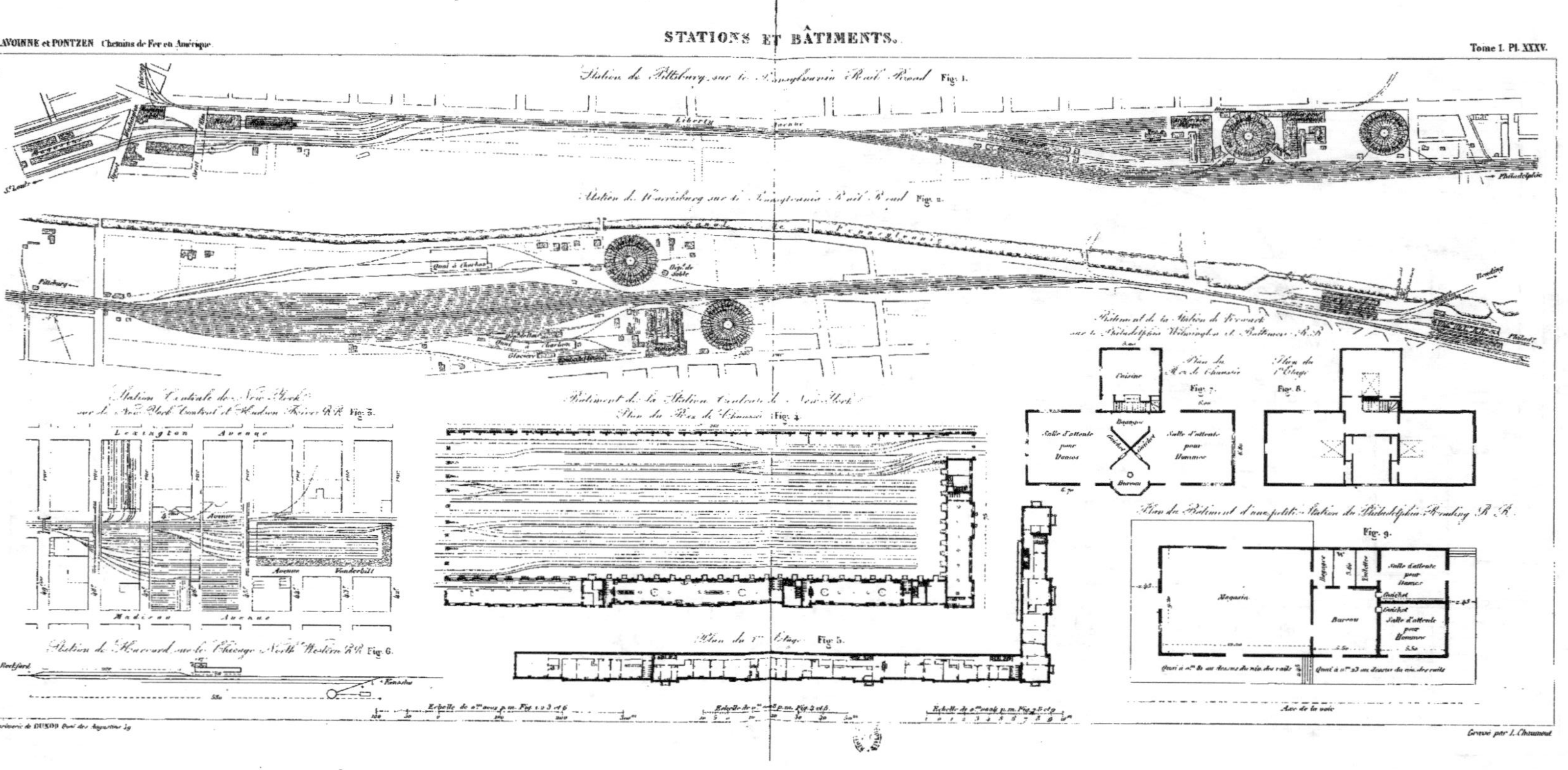

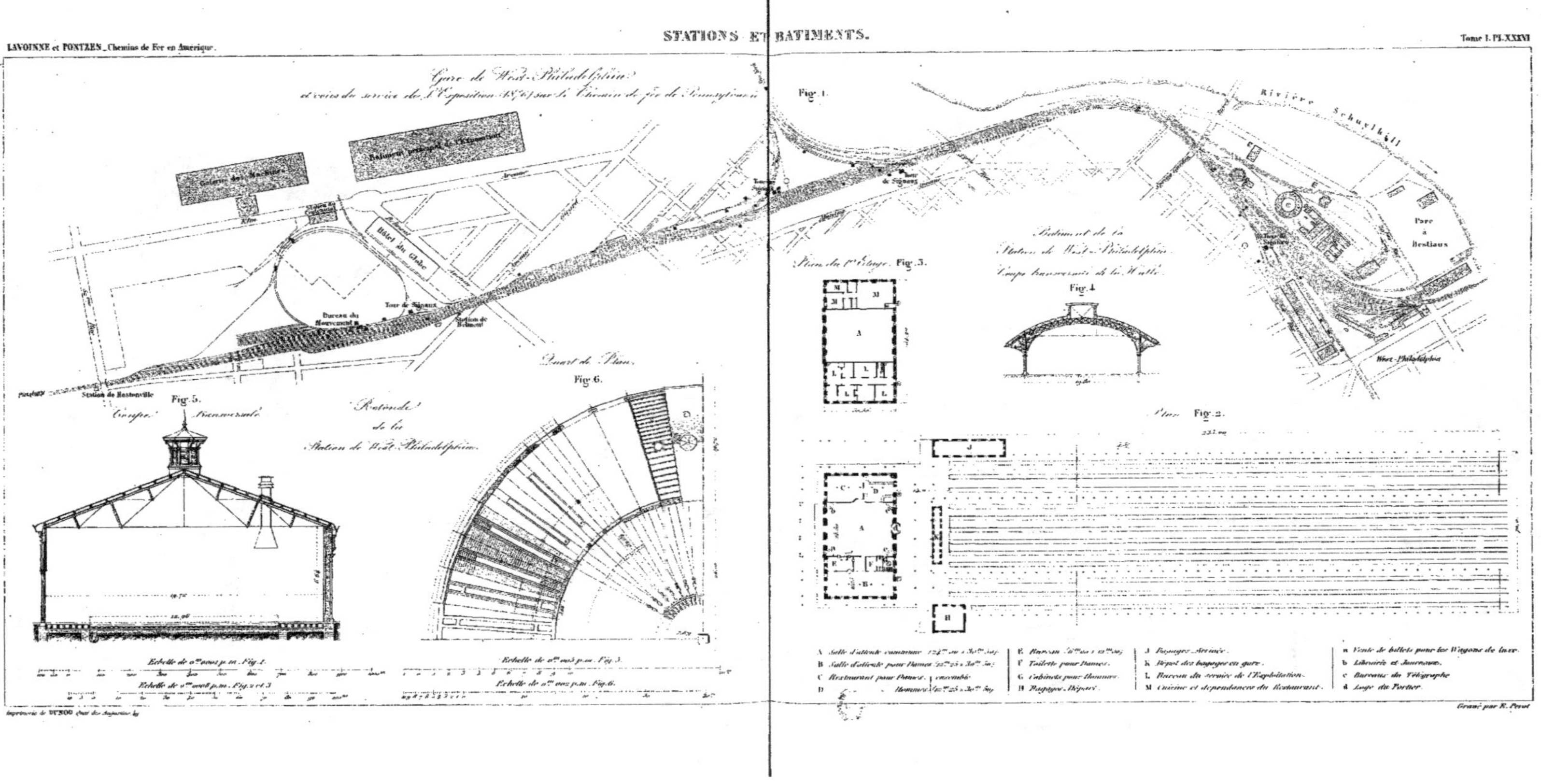

STATIONS ET BATIMENTS.
LAVOISNE et PONTZEN _ Chemins de Fer en Amérique.
Tome I. Pl. XXXVI
Gare de West-Philadelphia
et voies du service de l'Exposition 1876 sur le Chemin de fer de Pennsylvanie
Fig. 1.
Rivière Schuylkill
Parc à Bestiaux
West-Philadelphia
Hôtel du Globe
Bureau du Mouvement
Tour de Signaux
Station de Belmont
Station de Hestonville
Bâtiment de la
Station de West-Philadelphia
Coupe transversale de la Halle
Fig. 4.
Plan du 1er Étage. Fig. 3.
Plan. Fig. 2.
Quart de Plan. Fig. 6.
Coupe Transversale Fig. 5.
Rotonde de la Station de West-Philadelphia.
A. Salle d'attente commune
B. Salle d'attente pour Dames
C. Restaurant pour Dames
D. Hommes
E. Bureau
F. Toilette pour Dames.
G. Cabinets pour hommes.
H. Bagages. Départs.
J. Passages. Arrivée.
K. Dépôt des bagages en gare.
L. Bureau du service de l'Exploitation.
M. Cuisine et dépendances du Restaurant.
a. Vente de billets pour les Wagons de luxe.
b. Librairie et Journaux.
c. Bureaux du Télégraphe.
d. Loge du Portier.
Echelle de 0m002 p.m. Fig. 1
Echelle de 0m003 p.m. Fig. 5
Echelle de 0m0015 p.m. Fig. 2 et 3
Echelle de 0m002 p.m. Fig. 6
Imprimerie de DUBOIS Quai des Augustins 55
Gravé par E. Pevet

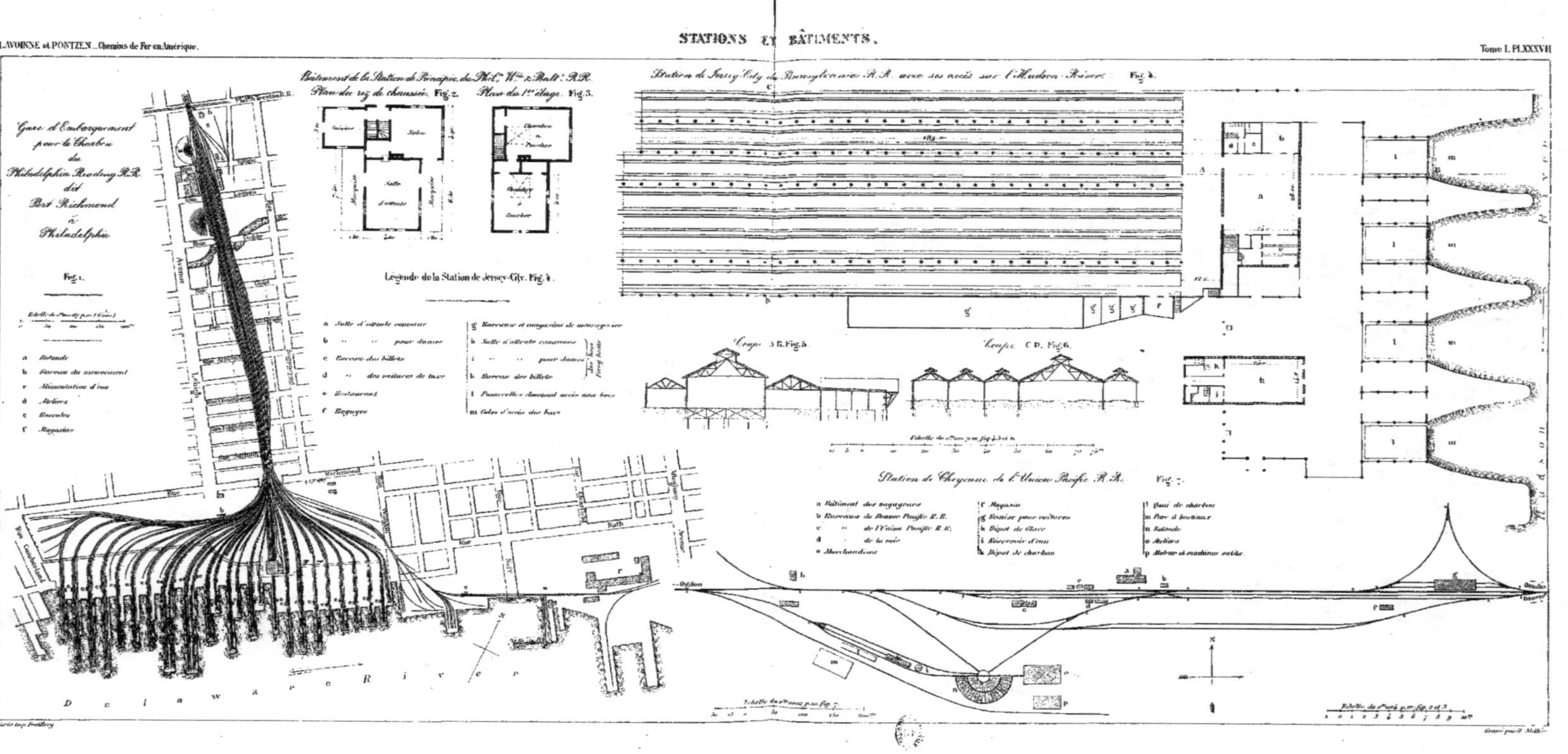
Gare d'Embarquement
pour le Charbon
du
Philadelphia Reading R.R.
dit
Port Richmond
à
Philadelphie
Fig. 1.

Bâtiment de la Station de Principe, du Phil. W. & Balt. R.R.
Plan du rez de chaussée. Fig. 2. — Plan du 1er étage. Fig. 3.

Station de Jersey City du Pennsylvania R.R. avec ses accès sur l'Hudson River. Fig. 4.

Légende de la Station de Jersey-City. Fig. 4.
a Salle d'attente aux voyageurs
b   "   pour dames
c Bureau des billets
d   "   des voitures de luxe
e Restaurant
f Bagages
g Bureau et magasins de messageries
h Salle d'attente commune
i   "   pour dames
k Bureau des billets
l Passerelle donnant accès aux bacs
m Cales d'accès des bacs

Coupe A B. Fig. 5. — Coupe C D. Fig. 6.

Station de Cheyenne, de l'Union Pacific R.R. Fig. 7.
a Bâtiment des voyageurs
b Bureaux du Denver Pacific R.R.
c   "   de l'Union Pacific R.R.
d   "   de la voie
e Marchandises
f Magasin
g Remise pour voitures
h Dépôt de Glace
i Réservoir d'eau
k Dépôt de charbon
l Quai de charbon
m Parc à bestiaux
n Rotonde
o Ateliers
p Moteur et machines outils

Delaware River
Hudson River
Ogden
Omaha

Paris Imp. Froillery. — Gravé par H. Malh.

Tome I. Pl. XXXVIII.

L. WOINNE et PONTZEN... Chemins de Fer en Amérique.

Légende

a. Salle d'attente pour Dames (16m,2 × 13m,2)
b.   »   »   Hommes (14m,78 × 12m,1)
c. Bureau des billets (6m,0 × 8m,0)
d. Bagages (16m,3 × 14m,3)
e. Restaurant (14m,3 × 12m,0)
f. Cuisine et office
g. Bureau et magasins des messageries (Express) 2 (14m,3 × 8m,4)

Paris Imp. Avrilleng.

Gravé par H. Miller.

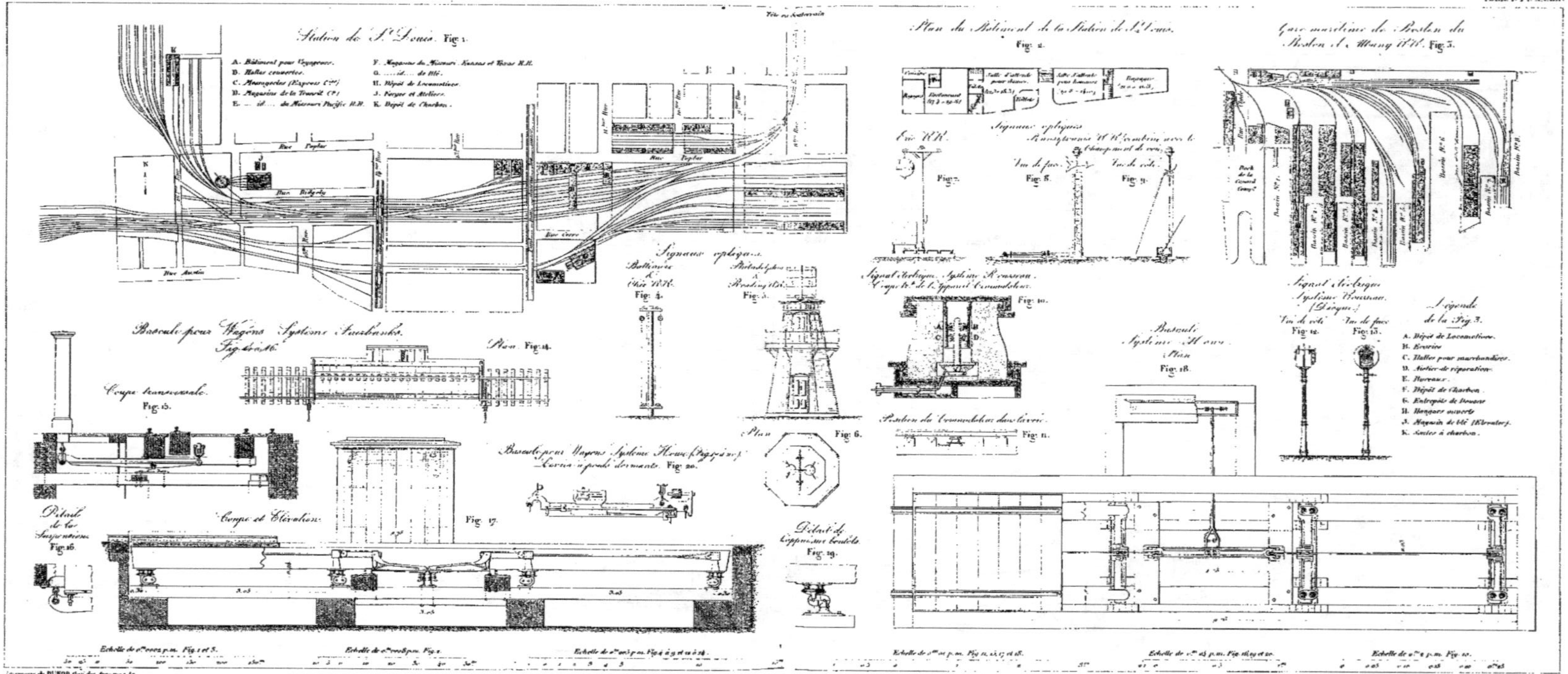

Station de S.ᵗ Louis. Fig. 1.

A. Bâtiment pour Voyageurs.
B. Halles couvertes.
C. Messageries (Express C.ⁱᵉ).
D. Magasins de la Transit (?).
E. id. du Missouri Pacific R.R.
F. Magasins du Missouri Kansas et Texas R.R.
G. id. de Blé.
H. Dépôt de Locomotives.
J. Forges et Ateliers.
K. Dépôt de Charbon.

Plan du Bâtiment de la Station de S.ᵗ Louis. Fig. 2.

Gare maritime de Boston du Boston A. Albany R.R. Fig. 3.

Signaux optiques. Baltimore & Ohio R.R. Fig. 4.
Philadelphie & Reading R.R. Fig. 5.
Plan. Fig. 6.

Signaux optiques. Rapprochement et Eloignement avec le Changement de voie.
Vue de face. Fig. 7. Fig. 8. Vue de côté. Fig. 9.

Signal électrique, Système Rousseau. Coupe h.ᵗᵉ de l'appareil Commutateur. Fig. 10.
Position du Commutateur dans l'arrêt. Fig. 11.

Signal électrique Système Rousseau (Disque.)
Vue de côté. Fig. 12. Vue de face. Fig. 13.

Légende de la Fig. 3.
A. Dépôt de Locomotives.
B. Ecurie.
C. Halles pour marchandises.
D. Atelier de réparation.
E. Bureaux.
F. Dépôt de Charbon.
G. Entrepôts de Douane.
H. Hangars ouverts.
J. Magasin de blé (Elévator.)
K. Soutes à charbon.

Bascule pour Wagons Système Fairbanks. Fig. 14 à 16.
Plan. Fig. 14.
Coupe transversale. Fig. 15.
Détail de la Suspension. Fig. 16.

Bascule pour Wagons Système Howe (Pages & c.) Levier à poids dormants. Fig. 20.
Détail de l'appui sur bascule. Fig. 19.

Bascule Système Howe. Plan. Fig. 18.

Coupe et Elévation. Fig. 17.

Echelle de 0.ᵐ 002 p.m. Fig. 1 et 3.
Echelle de 0.ᵐ 005 p.m. Fig. 2.
Echelle de 0.ᵐ 01 p.m. Fig. 4, 5, 17 et 18.
Echelle de 0.ᵐ 05 p.m. Fig. 14, 15, 17, et 18.
Echelle de 0.ᵐ 05 p.m. Fig. 16, 17 et 20.
Echelle de 0.ᵐ 4 p.m. Fig. 19.

Imprimerie de DUROD (Cité des Fontaines.) &c.

Gravé par L. Chaumont.